河北省高速公路沥青路面养护工程设计通用图册

河北锐驰交通工程咨询有限公司　编著

人民交通出版社股份有限公司
China Communications Press Co.,Ltd.

内 容 提 要

本图册以河北锐驰交通工程咨询有限公司十年来从事高速公路养护设计实践工作的成果为基础,进行总结和归纳,汇聚了河北省交通运输厅公路管理局和河北省高速公路管理局等行业管理者、河北交通投资集团公司和多家河北高速公路管理单位的业内专家,以及河北省交通规划设计院等设计单位设计工作者的智慧。

本图册可作为高速公路沥青路面工程咨询和设计人员的参考,适用于高速公路沥青路面养护工程方案设计和施工图设计,包括路面挖补、大面积铣刨和罩面工程等。使用本图册时,设计人员应依据相关规范,充分结合地方成熟经验和技术成果。其他地区及其他等级公路沥青路面养护设计也可参考使用。

图书在版编目(CIP)数据

河北省高速公路沥青路面养护工程设计通用图册／河北锐驰交通工程咨询有限公司编著. —北京:人民交通出版社股份有限公司,2017.12
ISBN 978-7-114-14314-4

Ⅰ.①河… Ⅱ.①河… Ⅲ.①高速公路—沥青路面—公路养护—河北—图集 Ⅳ.①U418.6-64

中国版本图书馆 CIP 数据核字(2017)第 278030 号

书　　名:	河北省高速公路沥青路面养护工程设计通用图册
著 作 者:	河北锐驰交通工程咨询有限公司
责任编辑:	袁　方　任雪莲　周　凯
出版发行:	人民交通出版社股份有限公司
地　　址:	(100011)北京市朝阳区安定门外外馆斜街 3 号
网　　址:	http://www.ccpress.com.cn
销售电话:	(010)59757973
总 经 销:	人民交通出版社股份有限公司发行部
经　　销:	各地新华书店
印　　刷:	北京市密东印刷有限公司
开　　本:	880×1230　1/16
印　　张:	13.25
字　　数:	147 千
版　　次:	2017 年 12 月　第 1 版
印　　次:	2017 年 12 月　第 1 次印刷
书　　号:	ISBN 978-7-114-14314-4
定　　价:	78.00 元

(有印刷、装订质量问题的图书由本公司负责调换)

前　言

为促进高速公路沥青路面养护设计标准化、规范化，提高工作效率，遵照现行规范要求，并结合工程经验，以高速公路沥青路面工程养护设计为主要内容编写了本图册。本图册以既往河北省高速公路沥青路面养护设计成果为基础，进行系统研究和分析，总结提炼出其中通用部分，并进行了规范和提升，充分考虑了交通组织、施工组织及当前主要养护机械设备特性和养护新材料、新工艺等。

本图册以河北锐驰交通工程咨询有限公司十年来从事高速公路养护设计实践工作的成果为基础，进行总结和归纳，汇聚了河北省交通运输厅公路管理局和河北省高速公路管理局等行业管理者、河北交通投资集团公司和多家河北高速公路管理单位的业内专家，以及河北省交通规划设计院等设计单位设计工作者的智慧。本图册可作为高速公路沥青路面工程咨询和设计人员的参考，适用于高速公路沥青路面养护工程方案设计和施工图设计，包括路面挖补、大面积铣刨和罩面工程等。使用本图册时，设计人员应依据相关规范，充分结合地方成熟经验和技术进步成果。其他地区及其他等级公路沥青路面养护设计也可参考使用。

本图册由河北锐驰交通工程咨询有限公司主持编制，王子鹏公路养护技术创新工作室的全体人员共同参与下完成。主要编写人员：王子鹏、赵宝平、孙倩、贾梓、刘敬东、杨春喜、许楠、潘菲、张志毅、胡晨霞、赵建红、张玺等。

因时间仓促，疏漏及错误之处在所难免，恳请广大使用者批评指正！

联系地址：河北省石家庄市平安南大街30号，邮编：050021，电话：0311-86089559，E-mail：Hebreach@vip.163.com，网址：www.hebreach.com。

编　者

2017 年 9 月

目 录

一、通 用 图 册

通用图册编制目录

序号	图 表 名 称	图 表 编 号	页码
1	河北省高速公路沥青路面养护工程设计通用图册总说明		2
2	路基标准横断面图	TY-1-1/ TY-1-2	10
3	路面病害治理总体分布图	TY-2-1/ TY-2-2	12
4	路面局部挖补病害治理工程数量表	TY-3-1/ TY-3-2	18
5	路面局部挖补病害治理设计图——系数选取设计图	TY-4-1	20
6	路面局部挖补病害治理设计图——按照病害影响范围确定挖补位置设计图	TY-4-2	21
7	路面局部挖补病害治理设计图——以车道为单位进行局部挖补治理	TY-4-3	22
8	局部挖补病害治理回补层结构设计图	TY-4-4	31
9	主体养护方案工程数量表	TY-5-1/ TY-5-2	36
10	主体养护方案路面结构设计图——罩面方案路面结构设计图（方案阶段）	TY-6-1	38
11	主体养护工程路面结构设计图——罩面方案路面结构设计图（施工图阶段）	TY-6-2	41
12	主体养护方案路面结构设计图——大面积铣刨路面结构设计图（方案阶段）	TY-6-3	44
13	主体养护工程路面结构设计图——大面积铣刨路面结构设计图（施工图阶段）	TY-6-4	45
14	沥青路面罩面段与非罩面段衔接顺坡纵断面示意图	TY-7-1	46

序号	图表名称	图表编号	页码
15	桥面与路面衔接部位顺坡纵断面示意图	TY-7-2	47
16	匝道沥青路面罩面段衔接顺坡纵断面示意图	TY-7-3	48
17	沥青路面与水泥混凝土路面衔接顺坡纵断面示意图	TY-7-4	49
18	净空不足衔接顺坡纵断面示意图	TY-7-5	50
19	施工期间交通组织设计图	TY-8	51

二、工 程 示 例

××高速公路路面病害治理工程方案设计图纸目录

序号	图表名称	图表编号	页码
1.1	××高速公路路面病害治理工程方案设计说明	SL-1-1	54
1.2	路基标准横断面图	SL-1-2	56
1.3	路面病害治理总体分布图	SL-1-3	57
1.4	路面局部挖补病害治理工程数量表	SL-1-4	60
1.5	路面局部挖补病害治理设计图	SL-1-5	61
1.6	主体养护方案工程数量表(推荐方案)	SL-1-6-1	69
1.7	主体养护方案路面结构设计图(推荐方案)	SL-1-6-2	70
1.8	主体养护方案工程数量表(比较方案)	SL-1-6-3	71
1.9	主体养护方案路面结构设计图(比较方案)	SL-1-6-4	72
1.10	沥青路面罩面段与非罩面段衔接顺坡纵断面示意图	SL-1-7	73

序号	图表名称	图表编号	页码
1.11	桥面与路面衔接部位顺坡纵断面示意图	SL-1-8	74
1.12	中央分隔带开口处理工程数量表	SL-1-9	75
1.13	中央分隔带开口处理设计图	SL-1-10	76

××高速公路路面病害治理工程施工图设计图纸目录

序号	图表名称	图表编号	页码
2.1	××高速公路路面病害治理工程施工图设计说明	SL-2-1	77
2.2	路基标准横断面图	SL-2-2	79
2.3	路面病害治理总体分布图	SL-2-3	80
2.4	路面局部挖补病害治理工程数量表	SL-2-4	83
2.5	路面局部挖补病害治理设计图	SL-2-5	84
2.6	路面罩面工程数量表	SL-2-6	92
2.7	主体养护工程路面结构设计图	SL-2-7	93
2.8	沥青路面罩面段与非罩面段衔接顺坡纵断面示意图	SL-2-8	94
2.9	桥面与路面衔接部位顺坡纵断面示意图	SL-2-9	95
2.10	标线工程数量表	SL-2-10	96
2.11	标线布设图	SL-2-11	97
2.12	中央分隔带开口处理工程数量表	SL-2-12	98
2.13	中央分隔带开口处理设计图	SL-2-13	99
14	施工期间交通组织设计图	SL-2-14	100

一、通用图册

河北省高速公路沥青路面养护工程设计通用图册总说明

本图册只包括沥青路面养护工程设计的图纸部分内容,不含设计说明、沥青混凝土组成设计、环境保护、地方材料、工程造价等内容。

1 编制依据

(1)《公路工程技术标准》(JTG B01—2014)。
(2)《公路养护技术规范》(JTG H10—2009)。
(3)《公路技术状况评定标准》(附条文说明)(JTG H20—2007)。
(4)《公路养护安全作业规程》(JTG H30—2015)。
(5)《公路沥青路面设计规范》(JTG D50—2017)。
(6)《公路沥青路面养护技术规范》(附条文说明)(JTJ 073.2—2001)。
(7)《公路工程基本建设项目设计文件编制办法》(交公路发〔2007〕358号)。
(8)《公路工程基本建设项目设计文件图表示例》(交公路发〔2007〕358号)。
(9)《公路沥青路面施工技术规范》(JTG F40—2004)。
(10)河北省地方标准《高速公路沥青路面养护技术规范》(DB 13/T 2465—2017)。

2 符号

编号	符号	意义
2.1	N	车道数
2.2	F	路面结构层数
2.3	L	病害治理长度(m)
2.4	W	病害治理宽度(m)
2.5	S	单车道病害治理
2.6	B	双车道病害治理
2.7	T	三车道病害治理
2.8	FR	四车道病害治理
2.9	S	局部挖补面积(m^2)

3 路面养护方案说明

根据工程规模,对于沥青路面养护中修,一般采用局部挖补、大面积铣刨重铺、加铺罩面层三种方法。本图册不包括沥青混合料设计和再生设计的内容。设计阶段分为方案设计阶段和施工图设计阶段。

中修方法的适用条件

方法	适用条件		
	主要病害类型	沥青混合料性能	高程
局部挖补	病害集中在一定段落，局部比较分散	相对良好	受限制
大面积铣刨重铺	裂缝轻微，广泛分布，车辙、泛油、抗滑不足等表层老化病害	表层老化严重	受限制
加铺罩面层	病害广泛分散，局部病害较重，同时需要恢复路表面使用功能	相对良好	不受限制

3.1 局部挖补

针对沥青路面小范围内病害表现严重、发展层位深或对路面结构危害较大的局部病害，采用铣刨回铺部分结构层的方式进行病害治理。

局部挖补范围可以根据病害影响范围来确定，也可以以车道为单位进行处治。决定局部挖补方案的主要控制因素包括局部挖补面积 S、挖补位置以及局部挖补层位 D 三个因素。

3.1.1 车道数 N

河北省高速公路断面现主要有双向四车道、双向六车道以及双向八车道三种形式。因此，本图册中车道数 N 的取值见下表。

车道数 N 取值范围

断面形式	双向四车道	双向六车道	双向八车道
车道数 N	2	3	4

3.1.2 病害位置

当以病害影响范围来确定挖补位置时，挖补面积应大于病害的实际面积，轮廓线与路面中心线平行或垂直，并在病害影响范围外 10~15cm。

当以车道为单位进行挖补时，病害治理位置根据车道数 N 的取值，可分为单车道治理、双车道治理、三车道治理、四车道治理等情况，单车道治理以 S(Single) 表示，双车道治理以 B(Both) 表示，三车道治理以 T(Three) 表示，四车道治理以 FR(Four) 表示。根据不同车道数，病害治理位置可采用不同的系数表示。同时，局部挖补以车道为基本单元，接缝处应避开标线，位于标线内侧。病害位置的具体符号见下表。

病害位置系数与车道分布对应关系

车道数取值	病害位置系数与车道分布对应关系（左—右）			
	行车道	行车道	行车道	行车道
$N=2$	单车道治理 S	S1	S2	—	—
	双车道治理 B	B		—	—
$N=3$	单车道治理 S	S1	S2	S3	—
	双车道治理 B	B1		B2	—
	三车道治理 T	T			—
$N=4$	单车道治理 S	S1	S2	S3	S4
	双车道治理 B	B1	B2		B3
	三车道治理 T	T1		T2	
	四车道治理 FR	FR			

3.1.3 局部挖补面积 S

（1）当以病害影响范围确定局部挖补位置时，面积 S 由下式取得：

局部挖补面积 S = 局部挖补宽度 W × 局部挖补长度 L

式中：局部挖补长度 L——沿行车方向需进行局部挖补的长度；

局部挖补宽度 W——垂直于行车方向需进行局部挖补的长度。

(2)当以单车道为单位进行局部挖补时,局部挖补宽度 W 的取值与车道数及病害治理位置有关。

局部挖补宽度 W 取值范围

车道数取值		局部挖补宽度 W(左—右)			
		行车道	行车道	行车道	行车道
$N=2$	单车道治理 S	S1 = 3.675	S2 = 3.675	—	—
	双车道治理 B	B = 7.5		—	—
$N=3$	单车道治理 S	S1 = 3.675	S2 = 3.6	S3 = 3.675	—
	双车道治理 B	B1 = 7.425		B2 = 7.425	—
	三车道治理 T	T = 11.25			—
$N=4$	单车道治理 S	S1 = 3.675	S2 = 3.6	S3 = 3.6	S4 = 3.675
	双车道治理 B	B1 = 7.425	B2 = 7.35		B3 = 7.425
	三车道治理 T	T1 = 11.175			T2 = 11.175
	四车道治理 FR	FR = 15.0			

3.1.4 局部挖补层位 D

局部挖补层位 D 与路面结构层数 F 的取值有关,应小于或等于 F。局部挖补层数应根据病害发展层位及下承层情况而定,至少为1层,铣刨后逐层回补或合并层回补至原路面高程。

3.2 大面积铣刨重铺

大面积铣刨是指对原路面表面层病害较严重且分布较广泛的路段进行铣刨,然后重铺表面层。治理宽度以车道为单位,可以是全宽,也可以是部分车道,一般治理长度不短于1000m。

3.3 罩面

进行局部病害治理后,在原有沥青路面上应加铺一定厚度的沥青面层。治理宽度一般是全断面,也可以在行车道范围内实施。纵向治理长度一般不应短于3km。

3.4 层间黏结

罩面层或铣刨重铺时,表面层下应设置黏结防水层;其他回补层位之间应设置黏层油;挖补至基层时,新铺层与旧基层之间应设置透层。

3.5 接缝设置

沥青路面结构层间采用阶梯形接缝,相邻两幅及上、下层横向接缝应错开 1~2m,纵向接缝上、下层应错开 10~15cm,并应对接缝侧壁涂刷热沥青。

4 设计图纸内容要求

方案设计阶段图纸主要表现整体设计意图、主要设计要点、主要工程量等部分,包括比较方案设计;施工图设计阶段图纸应全面、具体,注重细节,方便指导施工。

4.1 方案设计阶段

4.1.1 路基标准横断面图

路基标准横断面图中应标示出主要断面形式,包括路中心线、行车道、拦水带、路肩、路拱横坡、边坡等各部分组成及其尺寸,路面宽度及路面结构。高速公路整体式路基、分离式路基应分别绘制,还应示出中央分隔带、缘石、左侧路缘带、硬路肩(含右侧路缘带)、护栏等

设置位置。比例尺采用1:100～1:200。

4.1.2 路面病害治理总体分布图

在病害治理总体分布图中,应示出需要治理的病害路段、位置、深度等基本信息,以及施工组织段落分布情况和挖补段落的相关关系等设计图。坐标尺最小单位为25m,病害治理位置应精确到5m。

4.1.3 路面局部挖补病害治理工程数量表

在该表中,应列出路面局部挖补治理段落的起止桩号、长度、宽度、方向及车道位置、处治方案、各结构层名称、厚度、数量、各段落内主要病害类型等。进行数量计算时,可忽略层间接缝处理,其他层位治理面积可以表面层治理面积计算。

4.1.4 路面局部挖补病害治理设计图

绘出路面局部挖补病害治理平面及断面设计图,并标示出路面标线位置。

4.1.5 主体养护方案工程数量表

根据工程实际情况,拟订至少两种养护方案,分方向列出起止桩号、长度、宽度、结构类型、厚度、数量、标线面积等。

4.1.6 主体养护方案路面结构设计图

在该图中,应标示出各方案的设计参数,以及位置、路缘石、拦水带、路肩石等,分单元绘出路面宽度、路面结构与厚度。

4.1.7 路面衔接部位设计图

绘出桥面与路面衔接部位设计图、罩面段与未罩面段衔接顺坡设计图、互通匝道与主线路面衔接部位设计图、服务区出入口衔接部位设计图、上跨构造物净空不足处治设计图等。

4.1.8 路面排水工程数量表

在该表中应列出起止桩号、工程名称、方向、单位、数量等(包括拦水带维修更换、路肩石维修更换、路缘石维修更换、急流槽维修更换、超高段排水改造等)。

4.1.9 路面排水工程设计图

绘出主要排水工程一般设计图,列出每延米(或每处)工程数量表。

4.1.10 中央分隔带开口处理工程数量表

该表中应包括中央分隔带开口位置、长度、宽度、结构类型、数量等。

4.1.11 中央分隔带开口处理设计图

在该图中,应绘出开口样式、路面结构设计及厚度等,并列出主要工程量计算公式。

4.1.12 防撞护栏高度调整工程数量表

该表应包括处治段落、长度、数量、规格要求等。

方案设计阶段图纸编制目录及使用说明见下表。

方案设计阶段图纸编制目录及使用说明

序号	图表名称	参考图表编号	用图说明
1	路基标准横断面图	TY-1-1	根据工程需要,选择相应形式的横断面图纸
2	路面病害治理总体分布图	TY-2-1	根据工程需要,选择不同断面形式图纸
3	路面局部挖补病害治理工程数量表(推荐方案)	TY-3-1	本阶段对主线段与匝道段数量统一计量
4	路面局部挖补病害治理设计图(推荐方案)	TY-4-1	根据工程需要,局部挖补平面设计图参考图TY-4-2,层间结构设计参考图TY-4-3

续上表

序号	图 表 名 称	参考图表编号	用 图 说 明
5	路面局部挖补病害治理工程数量表(比较方案)	TY-3-2	见推荐方案说明,至少列出一个比较方案,一般为两个
6	路面局部挖补病害治理设计图(比较方案)	TY-4	见推荐方案说明,至少列出一个比较方案,一般为两个
7	主体养护方案工程数量表(推荐方案)	TY-5-1	本阶段对主线段与匝道段数量统一计量
8	主线养护方案路面结构设计图(推荐方案)	TY-6-1	若方案一致,本阶段对匝道路段不再单独出图
9	主体养护方案工程数量表(比较方案)	TY-5-1	见推荐方案说明,至少列出一个比较方案,一般为两个
10	主线养护方案路面结构设计图(比较方案)	TY-6-1	见推荐方案说明,至少列出一个比较方案,一般为两个
11	路面衔接部位设计图	TY-7	针对推荐方案,根据工程实际,选择衔接设计类别
12	路面排水工程数量表	—	针对推荐方案,根据工程需要,选择需维修更换的排水设施
13	路面排水工程设计图		本图集中图纸仅作为参考,其他形式路缘石、路肩石以及急流槽、超高段排水等根据实际情况而定
14	中央分隔带开口处理工程数量表	—	根据工程需要,列出主要工程量
15	中央分隔带开口处理设计图		本图集中图纸仅作为参考,其他形式开口需根据实际情况而定
16	防撞护栏高度调整工程数量表	—	根据工程实际确定,本图册不再做相应规定

4.2 施工图设计阶段

4.2.1 路基标准横断面图

在该图中,应标示所有断面形式,示出路中心线、行车道、拦水带、路肩、路拱横坡、边坡、护坡道、边沟、落碎台、截水沟、用地界碑等各部分组成及其尺寸,路面宽度及路面结构。对于高速公路整体式路基、分离式路基,应分别绘制,还应示出中央分隔带、缘石、左侧路缘带、硬路肩(含右侧路缘带)、护栏、隔离栅、预埋管道(如果有)等设置位置及尺寸。比例尺采用1:100～1:200。

4.2.2 路面病害治理总体分布图

在病害治理总体分布图中应绘出需要治理的病害路段、位置、深度等基本信息,以及施工组织段落分布情况和挖补段落的相关关系等设计图。坐标尺最小单位为5m,病害治理位置应精确到1m。

4.2.3 互通匝道路面病害治理总体分布图

在匝道病害治理设计总体图中应绘出需要治理的病害路段、位置、深度等基本信息,绘制出施工组织顺序情况和挖补段落的相关关系等,以及具体设计挖补断面和搭接等细部设计图。

4.2.4 主线路面局部挖补病害治理工程数量表

工程量计量应精确,除方案设计阶段列出路面局部挖补治理段落起止桩号、长度、宽度、方向及车道位置、处治方案、各结构层名称、厚度、数量、各段落内主要病害类型等以外,还应包括层间接缝设计、抗裂贴类材料数量、侧壁涂刷沥青、封缝、施工接缝等工程量。

4.2.5 主线路面局部挖补病害治理设计图

绘出路面局部挖补病害治理平面及坡面设计图,并标示出路面标线位置;绘出路面裂缝治理设计图(灌缝、铺设抗裂贴或土工织物)。

4.2.6 互通匝道路面局部挖补病害治理工程数量表

分匝道列出起止桩号、长度、宽度、结构类型、厚度、数量等,还应包括层间接缝设计、抗裂贴类材料数量、封缝、施工接缝等工程量。

4.2.7 互通匝道路面局部挖补病害治理设计图

绘出匝道路面局部挖补病害治理平面及坡面设计图,并标示出路面标线位置;绘出路面裂缝治理设计图(灌缝、铺设抗裂贴或土工织物)。

4.2.8 主体养护工程数量表

除方案阶段的起止桩号、方向、长度、宽度、结构类型、厚度、数量等内容外,还应包括封缝、施工缝处理、路边缘处理、侧壁涂刷沥青等。

4.2.9 主体养护工程路面结构设计图

在该图中,应标示出设计参数,标示出位置、路缘石、拦水带、路肩石等,分单元绘出路面宽度、路面结构与厚度,以及与路缘石、路肩石等附属设施相接处的细部设计。

4.2.10 主体养护工程数量表(匝道段)

在该表中,应分匝道列出起止桩号、长度、宽度、结构类型、厚度、数量等,以及封缝、施工缝处理、路边缘处理、侧壁涂刷沥青等。

4.2.11 主体养护工程路面结构设计图(匝道段)

在该图中,应标示出设计参数,标示出位置、路缘石、拦水带、路肩石等,分单元绘出路面宽度、路面结构与厚度,以及与路缘石、路肩石等附属设施相接处的细部设计。

4.2.12 路面衔接部位设计图

绘出桥面与路面衔接部位设计图、罩面段与未罩面段衔接顺坡设计图、互通匝道与主线路面衔接部位设计图、服务区出入口衔接部位设计图、上跨构造物净空不足处治设计图、小构造物罩面层开槽处理设计图等。

4.2.13 路面标线工程数量表

根据标线内容及类型,列出起止桩号、长度、宽度、类型、数量等。

4.2.14 路面标线工程设计图

该图应包括工程所需的所有类型标线设计图。

4.2.15 路面排水工程数量表

该表应列出起止桩号、工程名称、单位、数量等(包括拦水带维修更换、路肩石维修更换、路缘石维修更换、急流槽维修更换、超高段排水改造等)。

4.2.16 路面排水工程设计图

绘出主要排水工程一般设计图,按照工程内容,细化计量单位,列出详细工程数量。

4.2.17 (超高段)中央分隔带开口处理工程数量表

该表包括(超高段)中央分隔带开口位置、长度、宽度、结构类型、数量等,当现有中央分隔带开口较主线路面低时,应采用适当材料补齐至现有路面高程,然后与主线同时罩面处理。

4.2.18 (超高段)中央分隔带开口处理设计图

该图中应绘出开口样式、路面结构设计及厚度等,并列出主要工程量计算公式。

4.2.19 防撞护栏高度调整工程数量表

该表包括主要材料、单位、数量、规格要求等。

4.2.20 防撞护栏高度调整工程设计图

该图中包括护栏设置间距、材质、主要工程数量,以及路缘石、路面、拦水带的位置。

4.2.21 施工期间交通组织设计图

包括路网分流、绕行设计方案和交通管制措施等设计图。

施工图设计阶段图纸编制目录及使用说明

序号	图表名称	参考图表编号	用图说明
1	路基标准横断面图	TY-1-2	根据工程需要,选择相应形式的横断面图纸
2	路面病害治理总体分布图	TY-2-2	根据工程需要,选择不同断面形式图纸
3	互通匝道路面病害治理总体分布图	TY-2	根据工程需要,选择不同断面形式图纸
4	主线路面局部挖补病害治理工程数量表	TY-3-2	对主线段工程量进行详细计量
5	主线路面局部挖补病害治理设计图	TY-4	根据工程需要,局部挖补平面设计图参考图TY-4-2,层间结构设计参考图TY-4-3
6	互通匝道段路面局部挖补病害治理工程数量表	TY-3-2	对匝道段工程量进行详细计量
7	互通匝道段路面局部挖补病害治理设计图	TY-4	根据工程需要,局部挖补平面设计图参考图TY-4-2,层间结构设计参考图TY-4-3
8	主体养护工程数量表	TY-5-2	对主线段工程量进行详细计量
9	主体养护工程路面结构设计图	TY-6-2	根据工程需要,选择不同断面形式图纸
10	主体养护工程数量表(匝道段)	TY-5-2	对匝道段工程量进行详细计量
11	主体养护工程路面结构设计图(匝道段)	TY-6-2	根据工程需要,选择不同断面形式图纸
12	路面衔接部位设计图	TY-7	根据工程实际,选择衔接设计类别
13	路面标线工程数量表	TY-8	对标线工程量进行详细计量
14	路面标线工程设计图	—	根据工程实际,选择标线种类
15	路面排水工程数量表	—	根据工程实际确定,本图册不再做相应规定
16	路面排水工程设计图	—	根据工程实际确定,本图册不再做相应规定
17	中央分隔带开口处理工程数量表	—	根据工程实际确定,本图册不再做相应规定
18	中央分隔带开口处理设计图	—	根据工程实际确定,本图册不再做相应规定
19	防撞护栏高度调整工程数量表	—	根据工程实际确定,本图册不再做相应规定
20	防撞护栏高度调整工程设计图	—	根据工程实际确定,本图册不再做相应规定
21	施工期间交通组织设计图	TY-9	根据工程需要,选择相应横断面形式的图纸

5 规范制图、制表

5.1 规范制表

本图册中表格字体均为宋体,表头字号为24号,表格中其他字号均为12号,标题行加黑;表格中数量均取小数点后一位,最后一行为合计,数值取整数。

表格区左上方为工程名称,右上方为图纸编号,下方为"编制、复核人员签字栏"。表格要占满图纸,布局疏密有致,排版美观。

5.2 规范制图

图纸绘制应满足相关的制图规定,排版美观,布置合理。

6 工程示例

以某双向六车道高速公路K1+000~K3+000段(左幅)为实际工程案例,进行路面病害治理工程方案阶段及施工图阶段的设计,作为本图册使用示例。

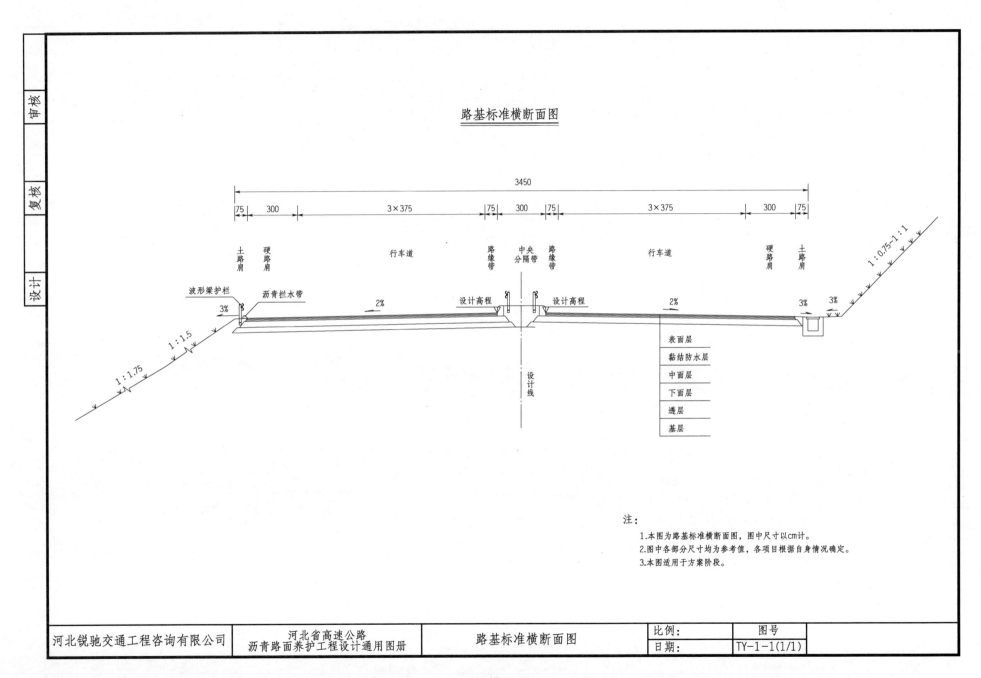

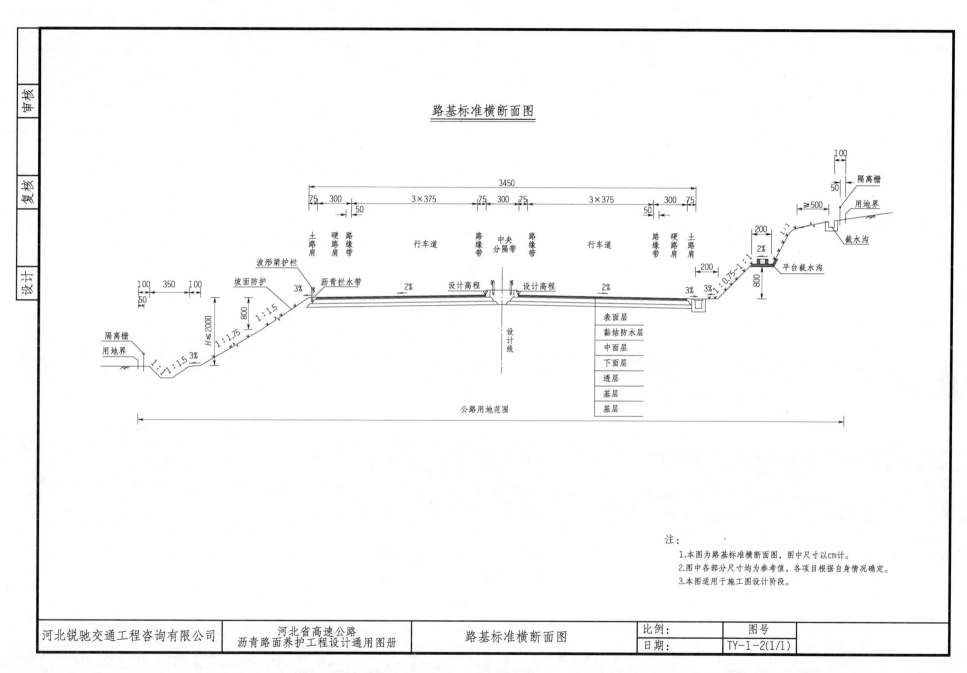

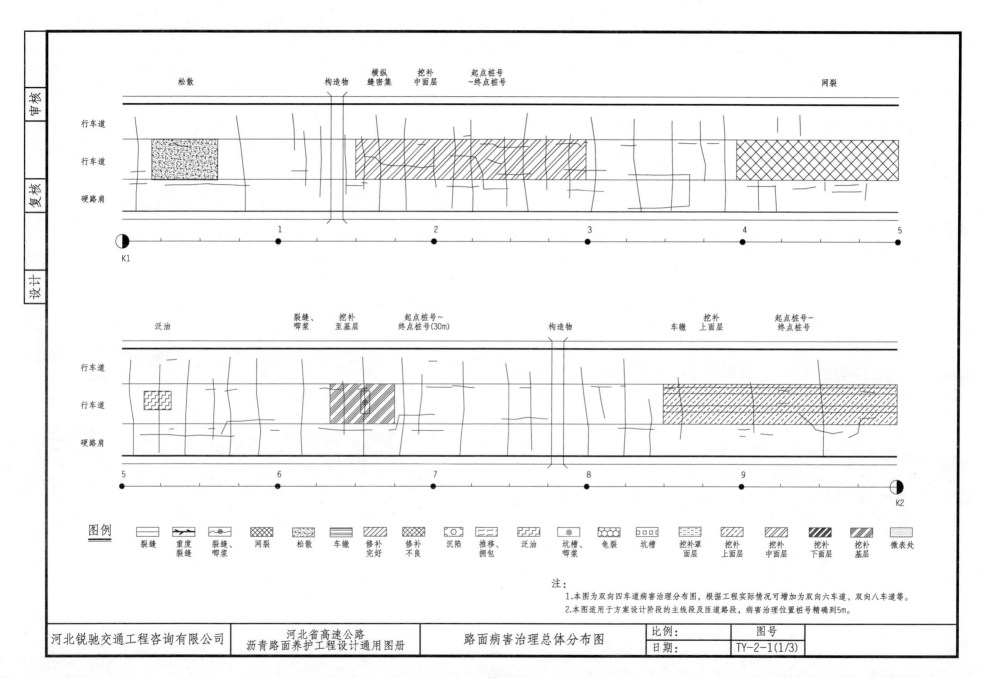

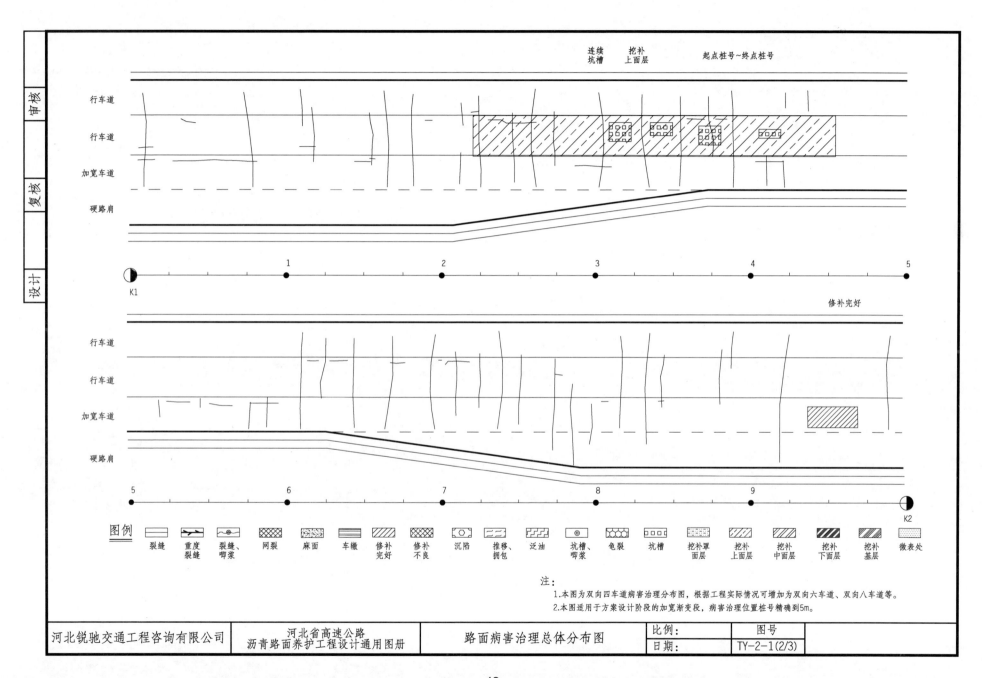

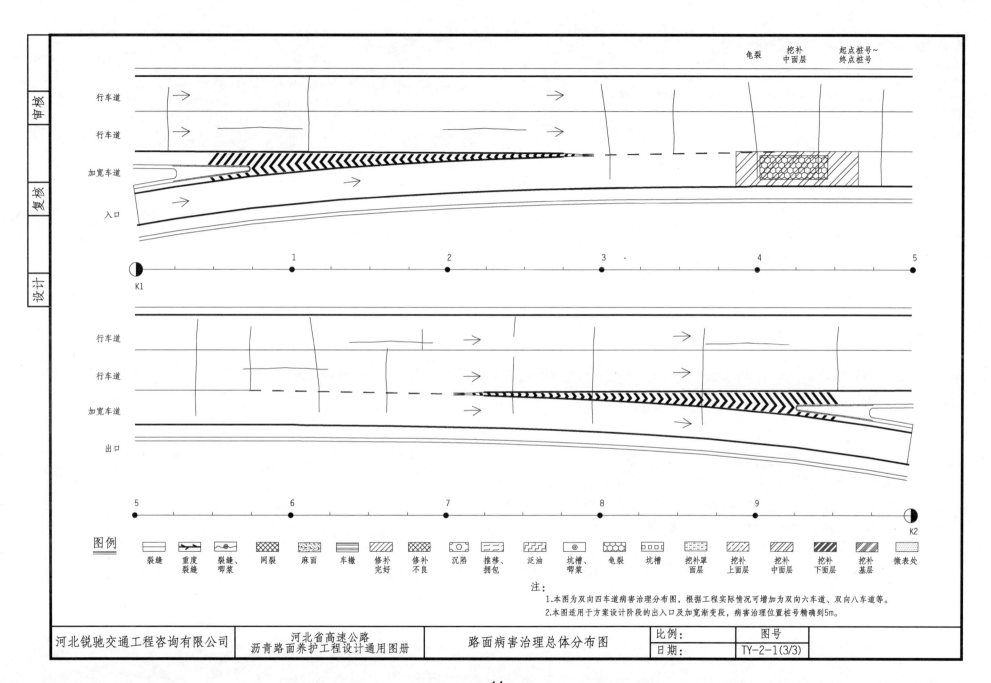

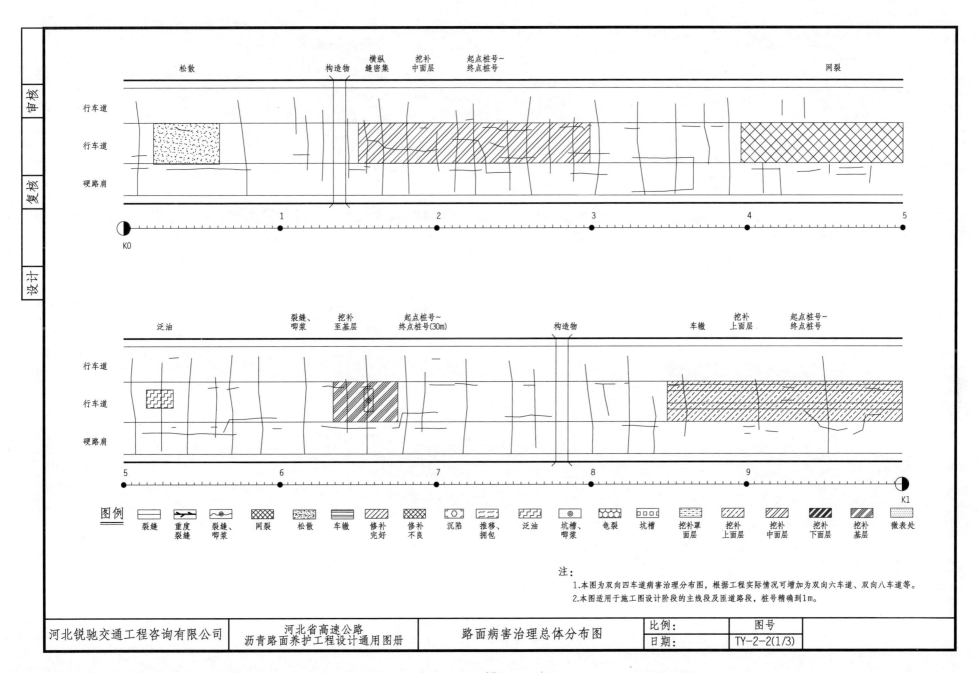

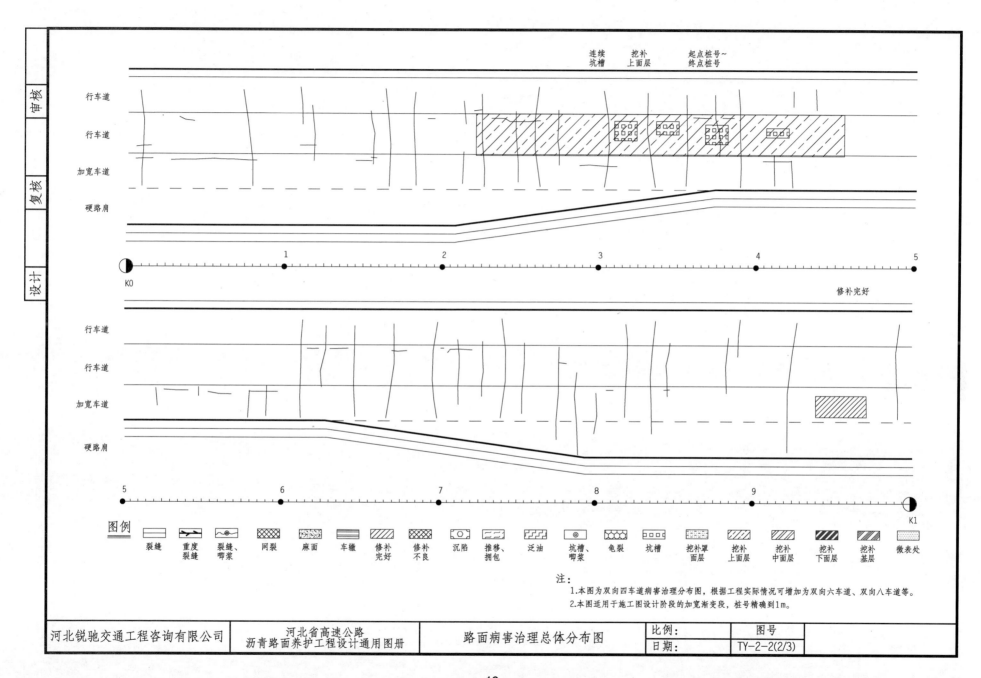

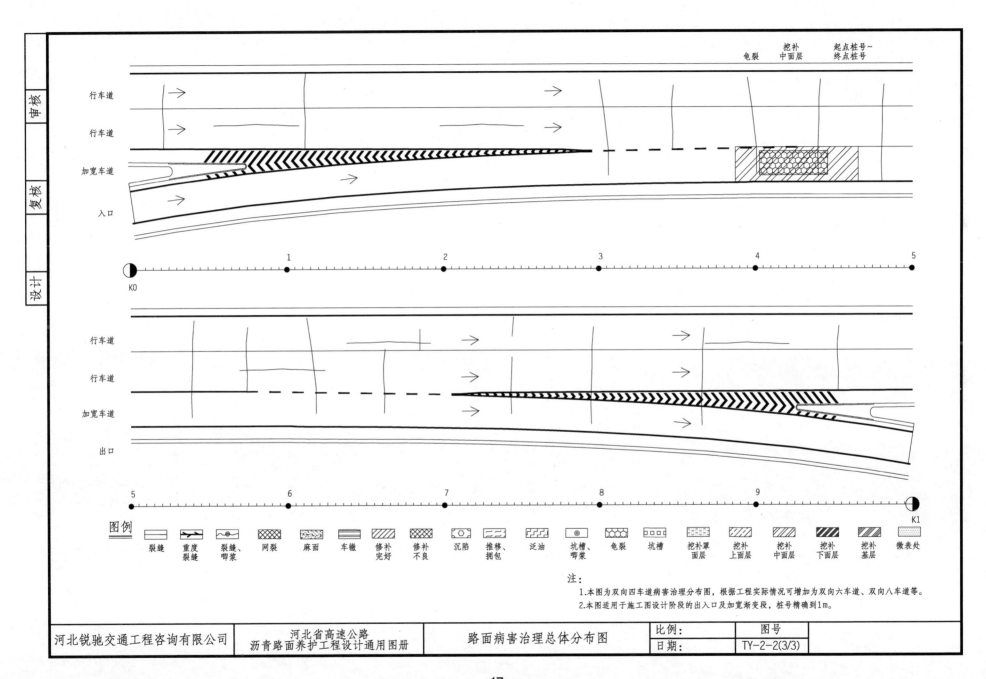

路面局部挖补病害治理工程数量表(一)

项目名称：

序号	起止桩号	方向	路段长度(m)	治理宽度(m)	治理深度(cm)	车道位置	铣刨工程量			新铺工程量			黏层油(m²)	透层油(m²)	备注
							铣刨第一层(m²)	铣刨第二层(m²)	铣刨第三层(m²)	新铺第一层(m²)	新铺第二层(m²)	新铺第三层(m²)			
合计															

编制：　　　　　　　　　　　　　　　　　　　　　　　　　　　　　　　　　复核：

路面局部挖补病害治理工程数量表(二)

项目名称：

序号	起止桩号	方向	路段长度(m)	治理宽度(m)	治理深度(cm)	车道位置	铣刨工程量			新铺工程量			黏结防水层(m²)	黏层油(m²)	透层油(m²)	备注
							铣刨第一层(m²)	铣刨第二层(m²)	铣刨第三层(m²)	新铺第一层(m²)	新铺第二层(m²)	新铺第三层(m²)				
合计																

编制：　　　　　　　　　　　　　　　　　　　　　　　　　　　　　　　　　复核：

注：
1. 本数量表适用于方案设计阶段的推荐方案、比较方案。
2. 表(一)适用于局部挖补后需罩面的方案，表(二)适用于仅做局部挖补的方案。
3. 备注一栏中应注明主要病害类型。

河北锐驰交通工程咨询有限公司	河北省高速公路沥青路面养护工程设计通用图册	路面局部挖补病害治理工程数量表	比例：	图号
			日期：	TY-3-1(1/1)

路面局部挖补病害治理工程数量表(一)

项目名称：

序号	起止桩号	方向	路段长度(m)	治理宽度(m)	治理深度(cm)	车道位置	铣刨工程量			新铺工程量							灌缝(m)	备注
							铣刨第一层(m²)	铣刨第二层(m²)	铣刨第三层(m²)	新铺第一层(m²)	新铺第二层(m²)	新铺第三层(m²)	黏层油(m²)	透层油(m²)	改性沥青刷涂坑槽壁(m²)	抗裂贴类材料(m²)		
	合计																	

编制：   复核：

路面局部挖补病害治理工程数量表(二)

项目名称：

序号	起止桩号	方向	路段长度(m)	治理宽度(m)	治理深度(cm)	车道位置	铣刨工程量			新铺工程量								灌缝(m)	备注
							铣刨第一层(m²)	铣刨第二层(m²)	铣刨第三层(m²)	新铺第一层(m²)	新铺第二层(m²)	新铺第三层(m²)	黏结防水层(m²)	黏层油(m²)	透层油(m²)	改性沥青刷涂坑槽壁(m²)	抗裂贴类材料(m²)		
	合计																		

编制：   复核：

注：
1. 本数量表适用于施工图设计阶段路面局部挖补病害治理工程量。
2. 表(一)适用于局部挖补后需罩面的方案，表(二)适用于仅做局部挖补的方案。
3. 备注一栏中应注明主要病害类型。

河北锐驰交通工程咨询有限公司	河北省高速公路沥青路面养护工程设计通用图册	路面局部挖补病害治理工程数量表	比例：	图号 TY-3-2(1/1)
			日期：	

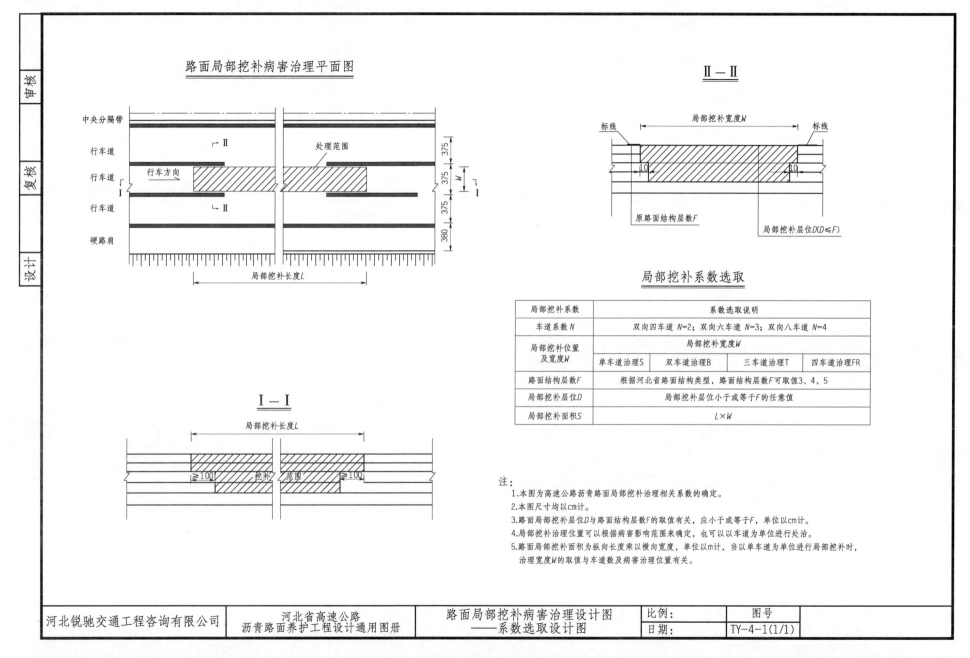

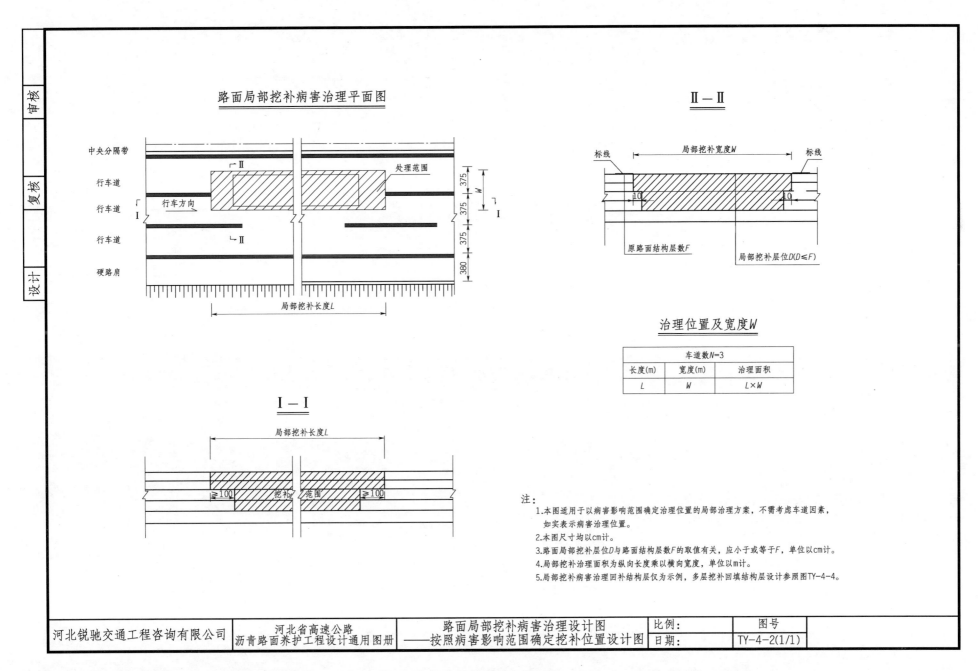

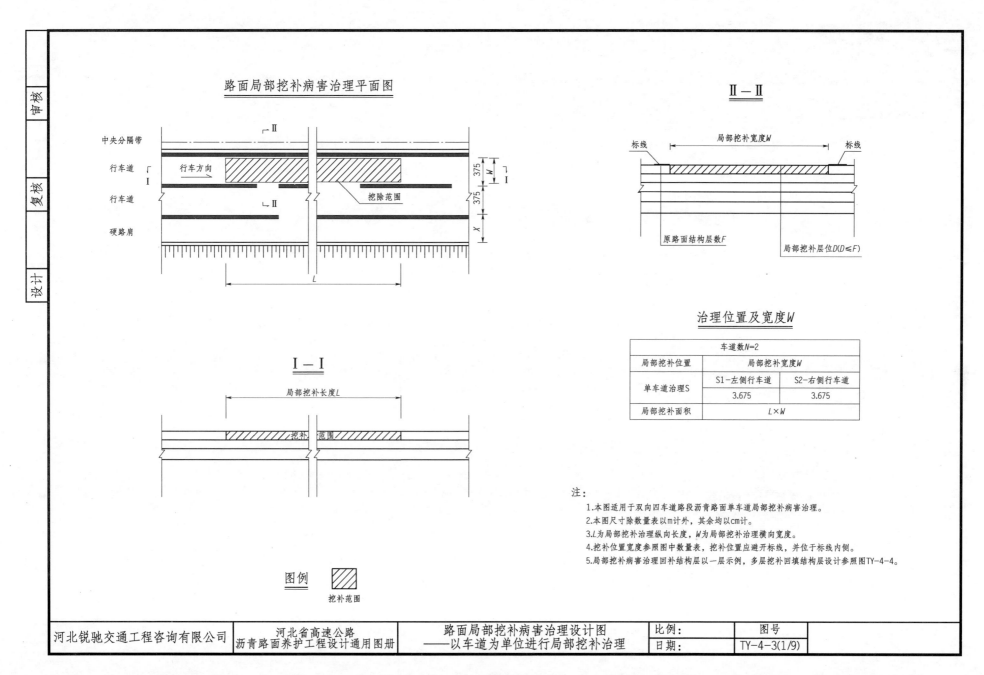

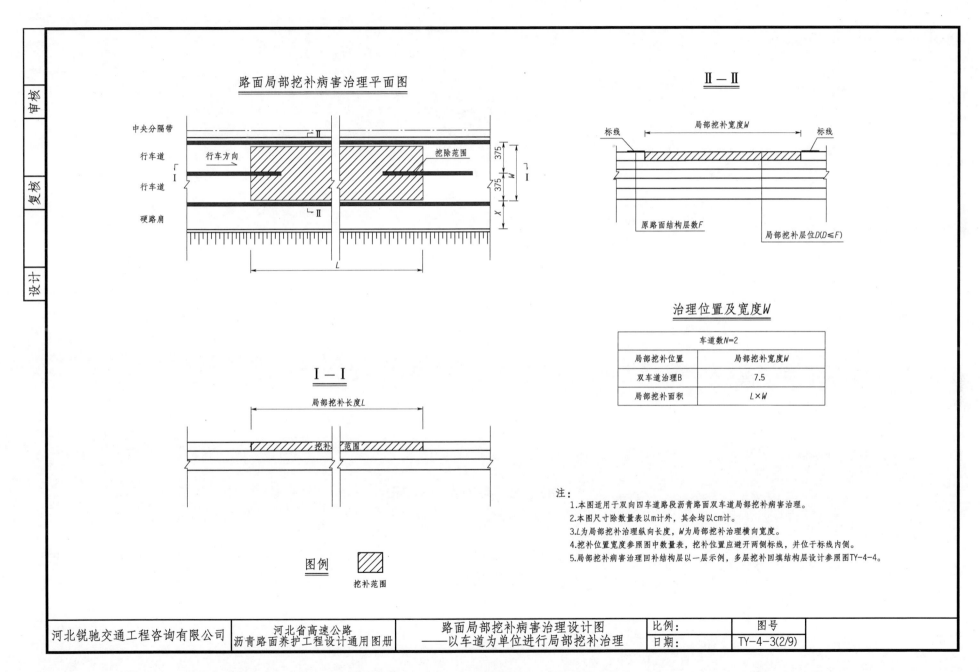

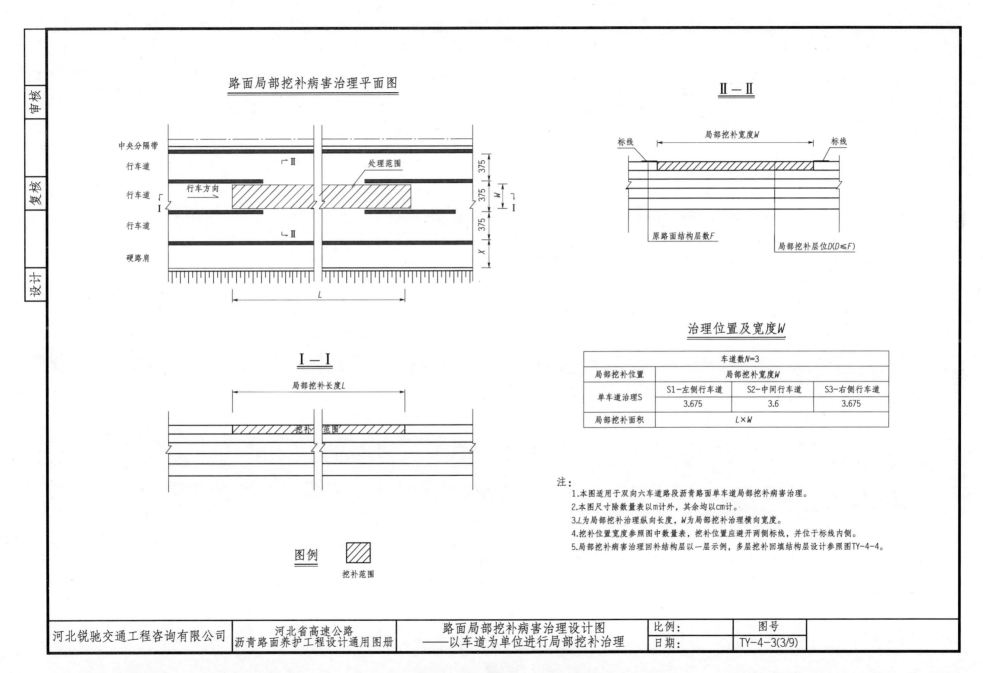

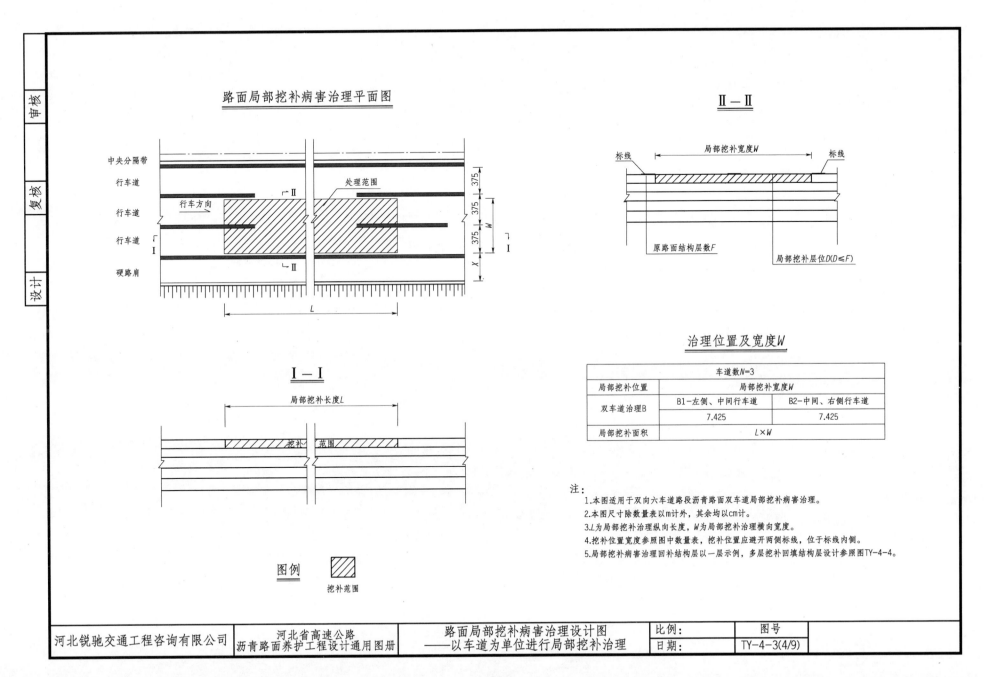

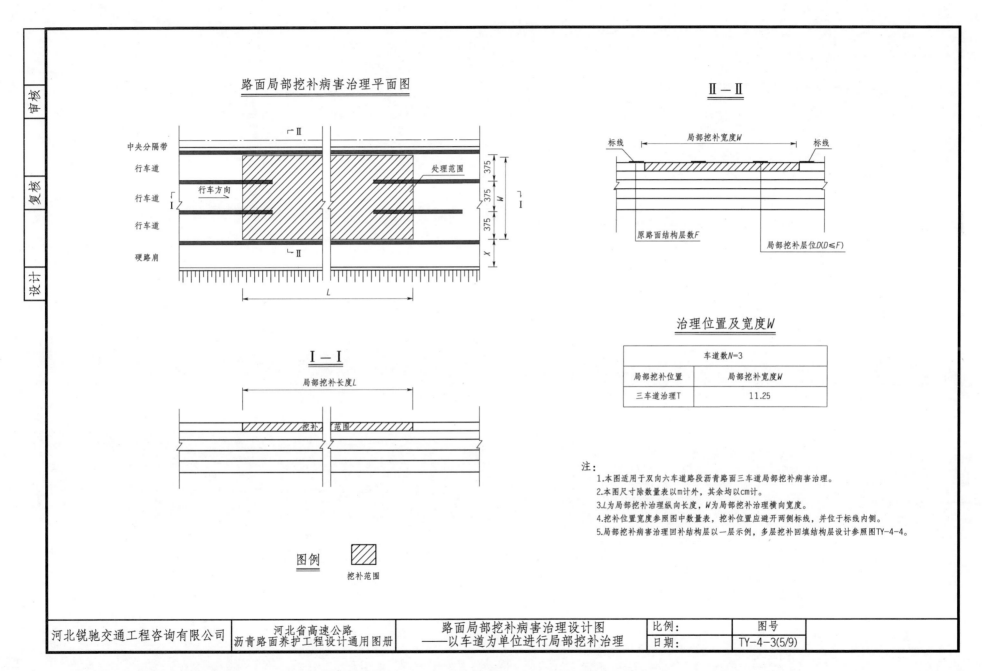

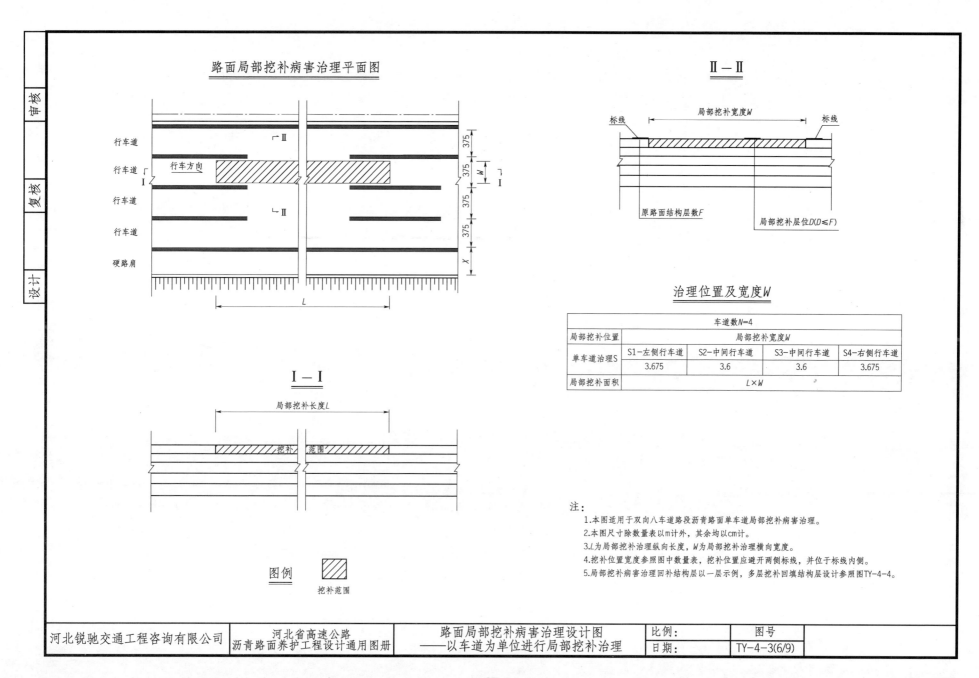

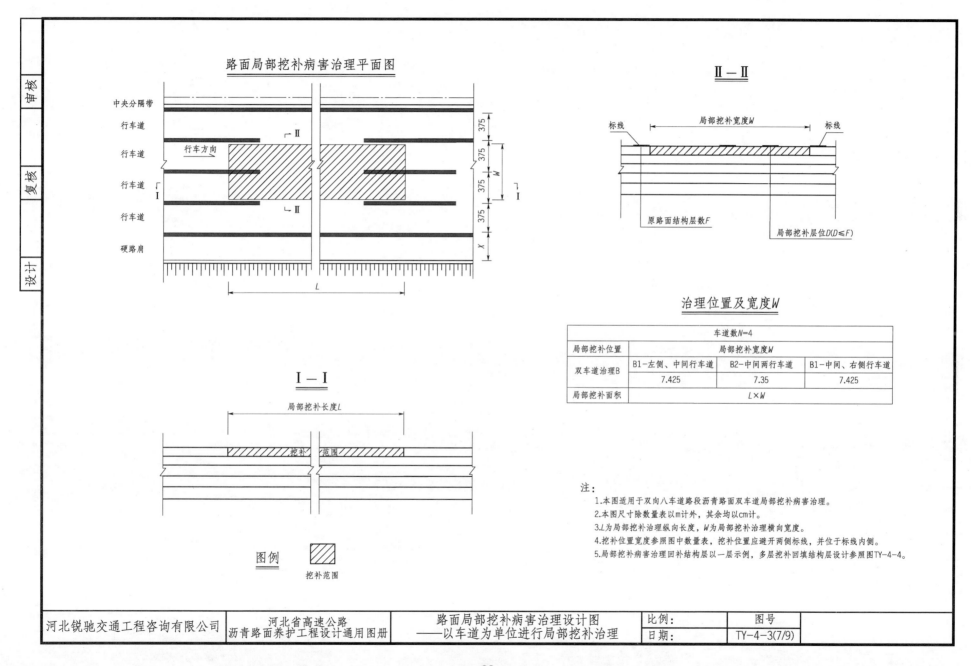

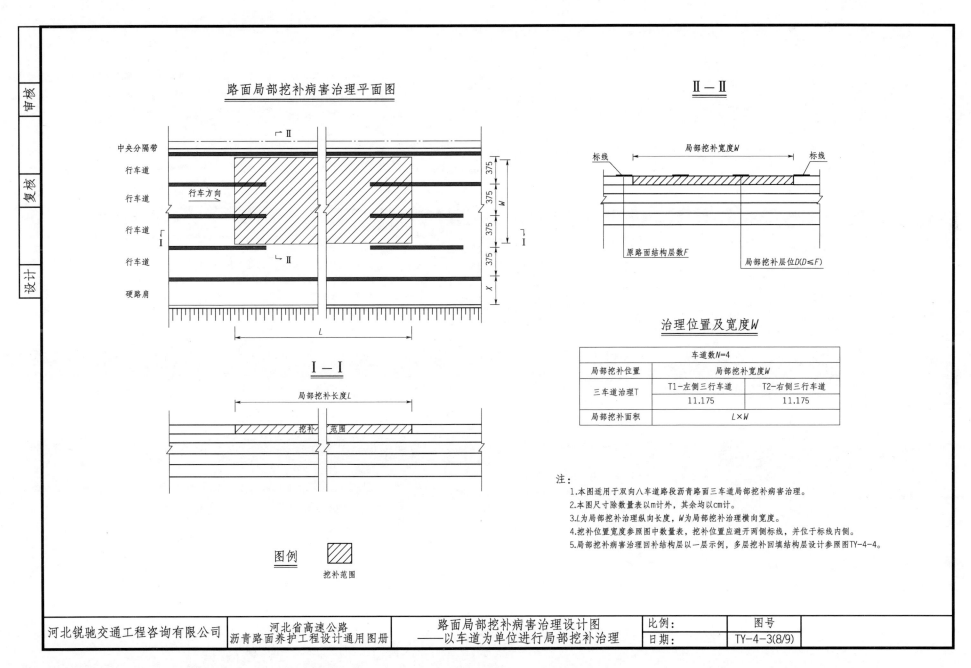

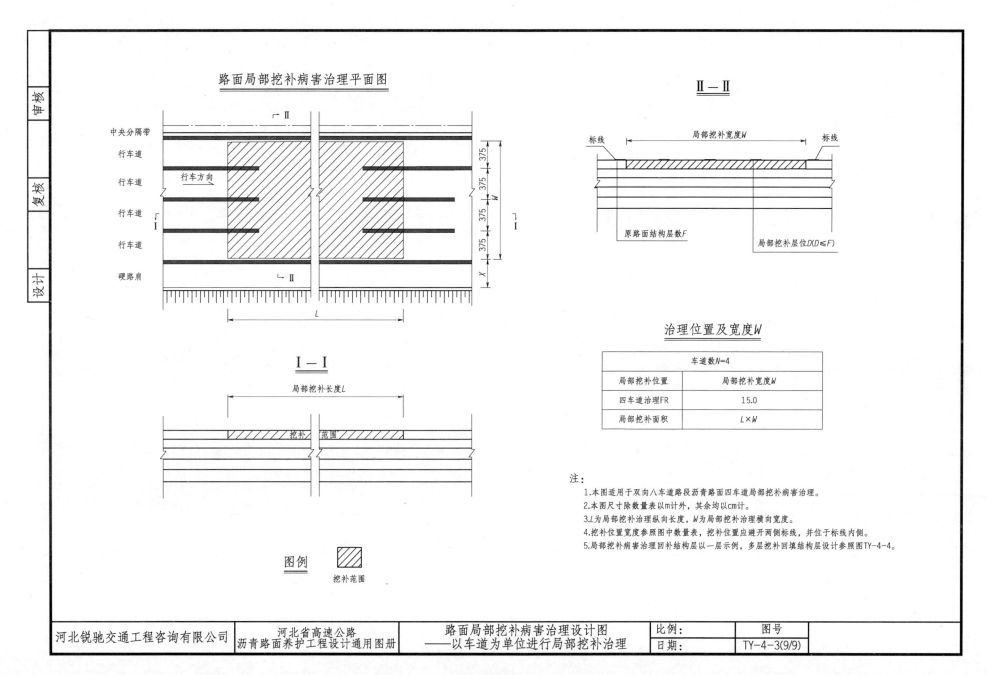

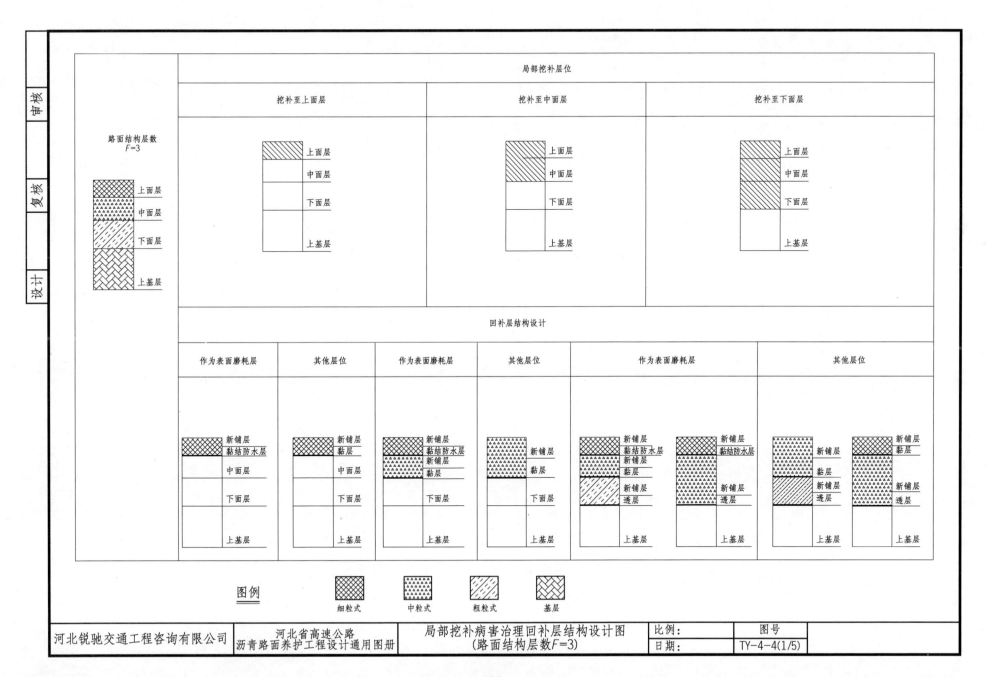

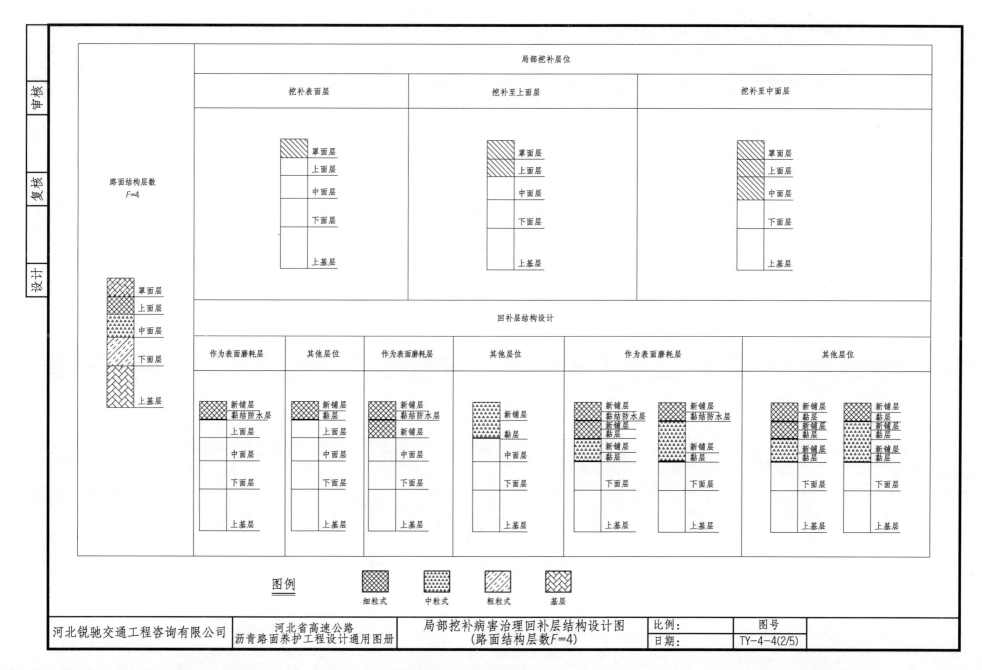

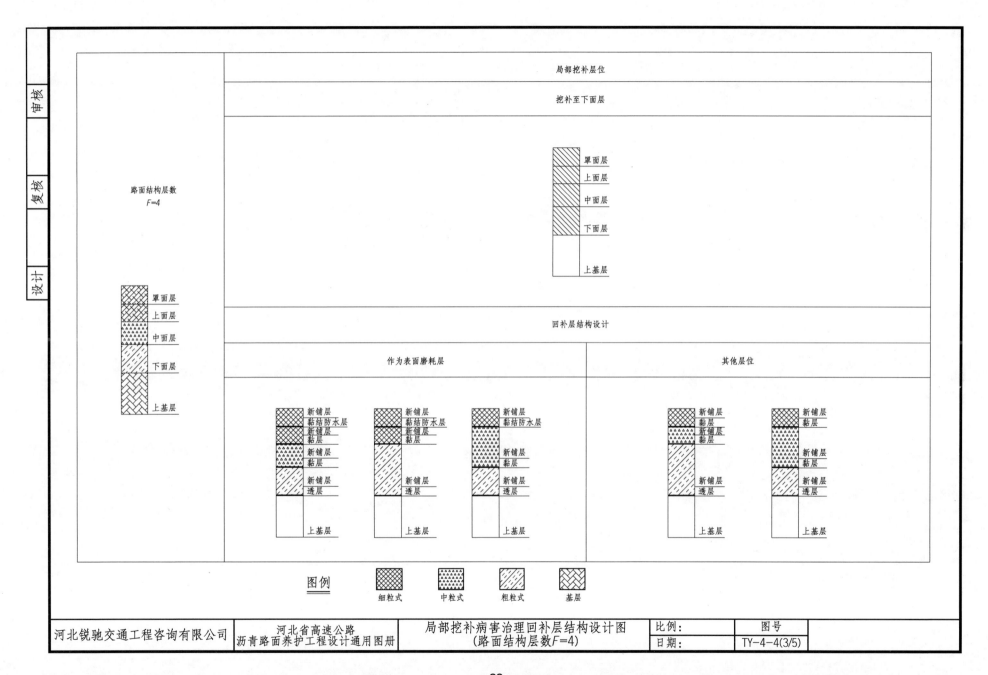

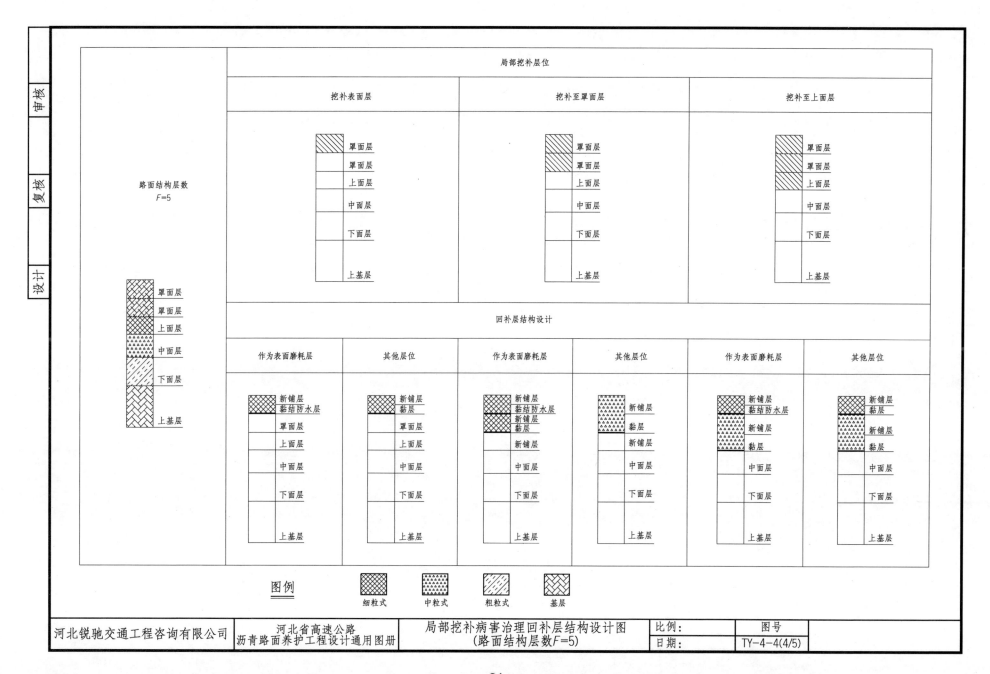

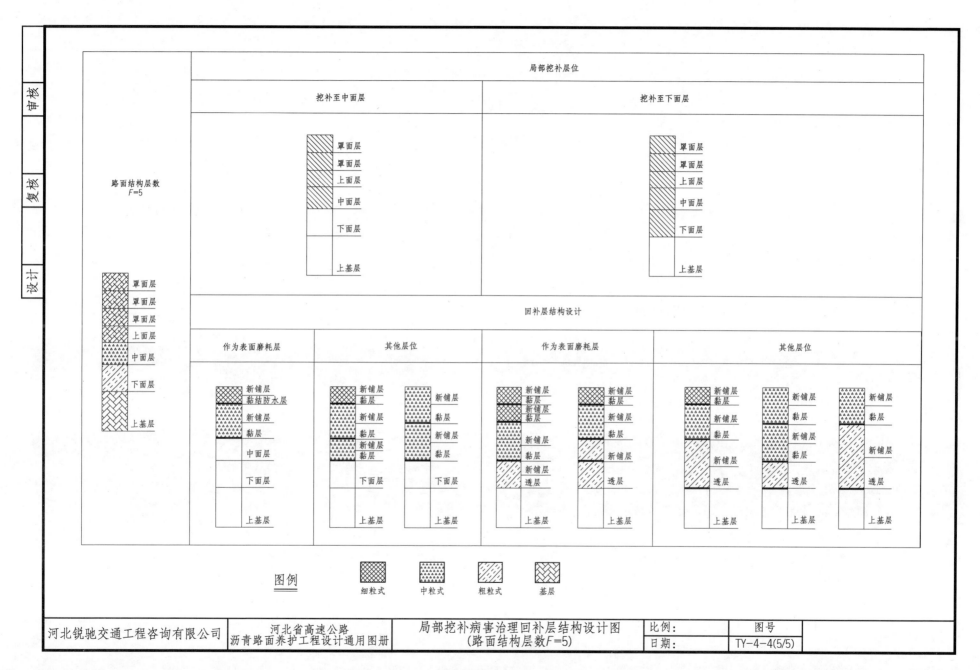

主体养护方案工程数量表(一)

项目名称：

序号	起止桩号	位置	路段长度 (m)	衔接部位铣刨 (m²)	新铺罩面层 (m²)	SBS黏结防水层 (m²)	15cm宽施工接缝 (m²)	改性热沥青封缝 (m)	抗裂贴类材料 (m²)	备注
合计										

编制：　　　复核：

主体养护方案工程数量表(二)

项目名称：

序号	起止桩号	位置	路段长度 (m)	表面层铣刨 (m²)	新铺表面层 (m²)	SBS黏结防水层 (m²)	改性热沥青封缝 (m)	侧壁涂刷热沥青 (m²)	抗裂贴类材料 (m²)	备注
合计										

编制：　　　复核：

注：
1. 本数量表适用于方案设计阶段的推荐方案、比较方案。
2. 表(一)适用于罩面方案，表(二)适用于大面积铣刨重铺方案。
3. 备注一栏中应注明大中型构造物名称、长度等。

主体养护方案工程数量表(一)

项目名称：

序号	起止桩号	位置	路段长度 (m)	衔接部位铣刨 (m²)	新铺罩面层 (m²)	SBS黏结防水层 (m²)	15cm宽施工接缝 (m²)	改性热沥青封缝 (m)	抗裂贴类材料 (m²)	备注
	合计									

编制：   复核：

主体养护方案工程数量表(二)

项目名称：

序号	起止桩号	位置	路段长度 (m)	表面层铣刨 (m²)	新铺表面层 (m²)	SBS黏结防水层 (m²)	改性热沥青封缝 (m)	侧壁涂刷热沥青 (m²)	抗裂贴类材料 (m²)	备注
	合计									

编制：   复核：

注：
1. 本数量表适用于施工图设计阶段。
2. 表(一)适用于罩面方案，表(二)适用于大面积铣刨重铺方案。
3. 备注一栏中应注明大中型构造物名称、长度等。

河北锐驰交通工程咨询有限公司	河北省高速公路沥青路面养护工程设计通用图册	主体养护方案工程数量表	比例：	图号
			日期：	TY-5-2(1/1)

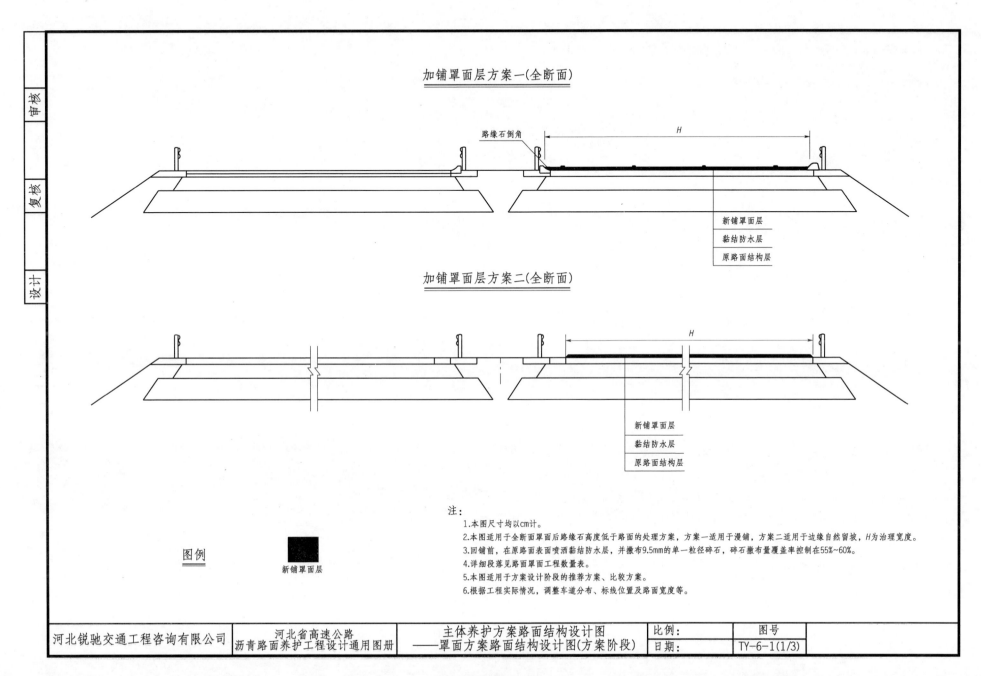

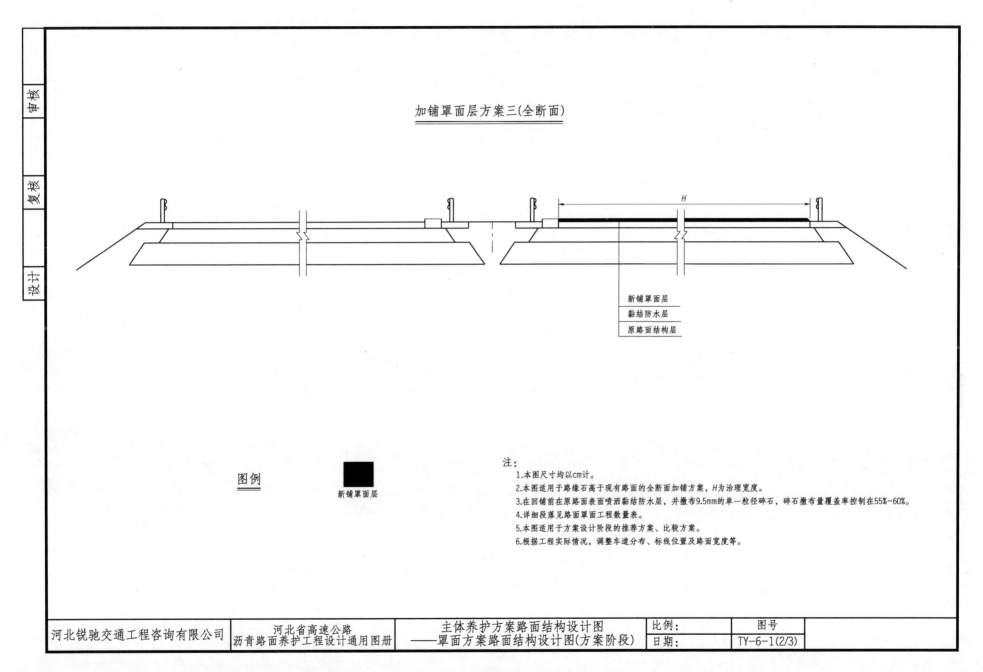

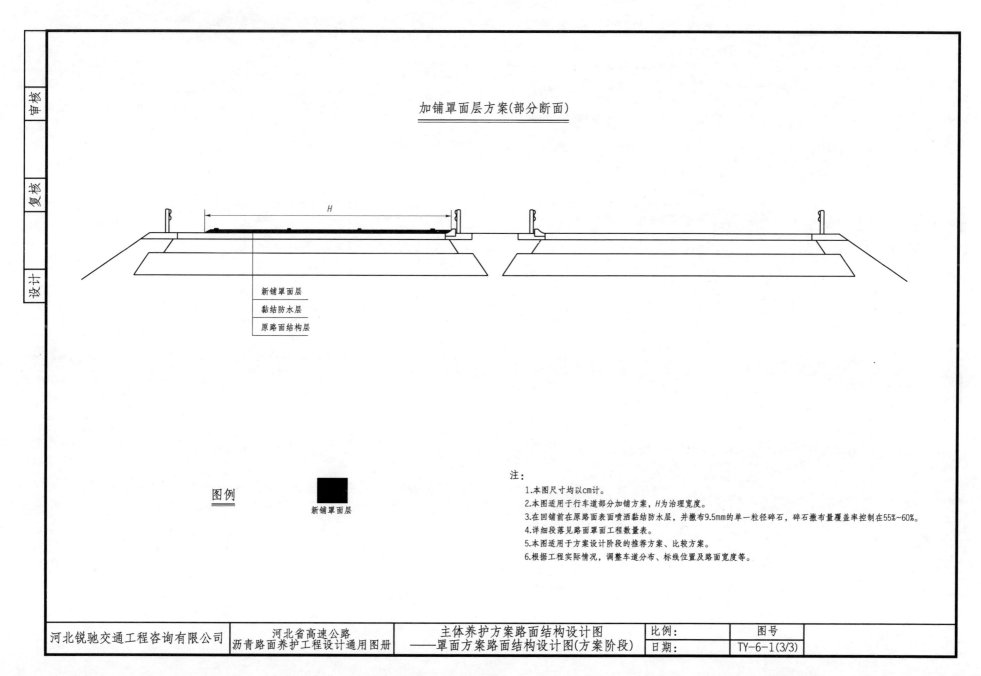

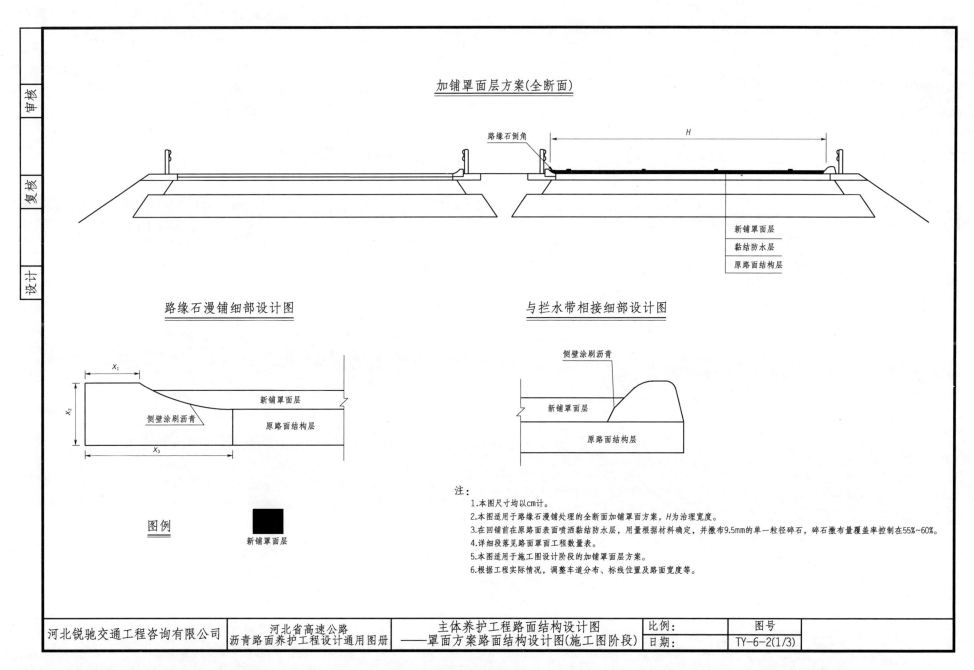

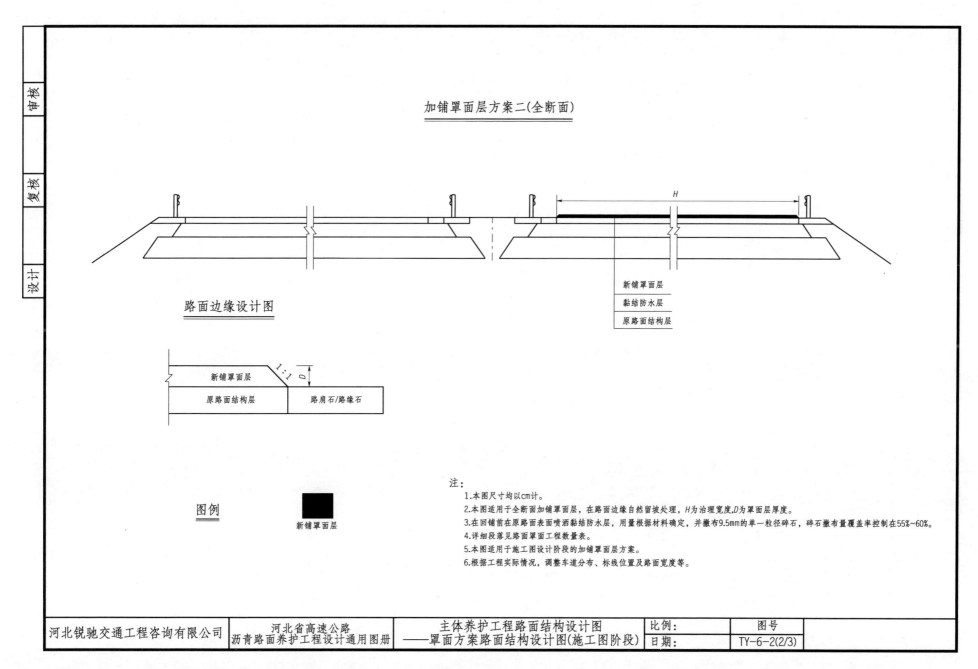

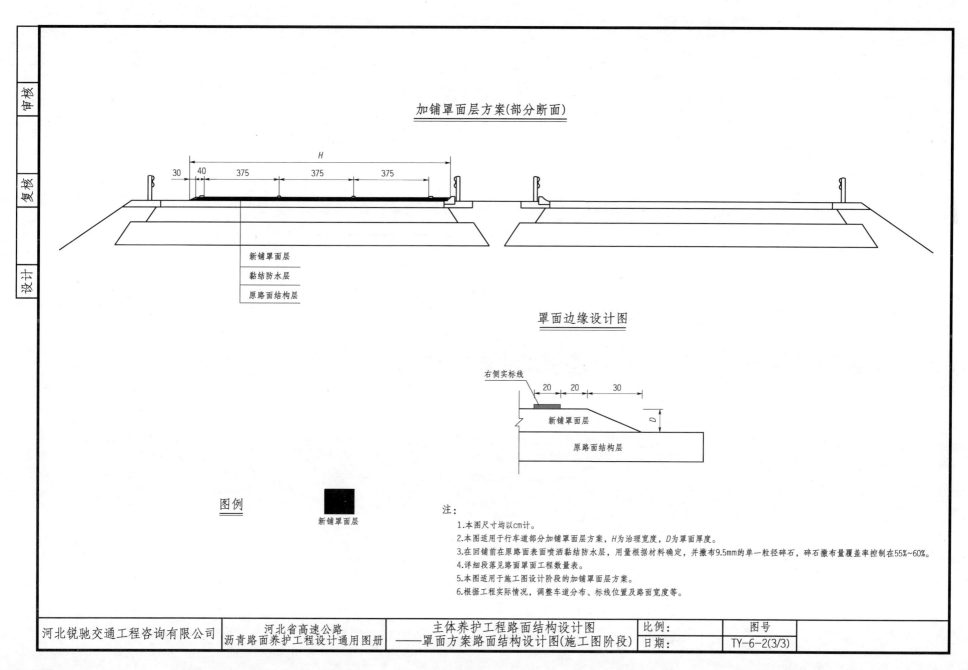

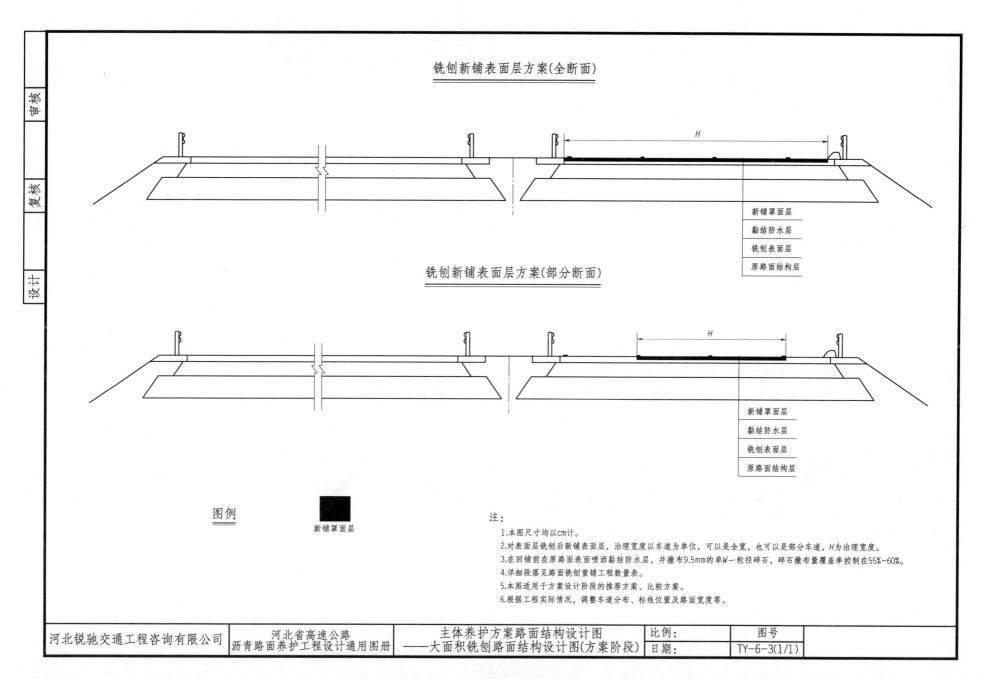

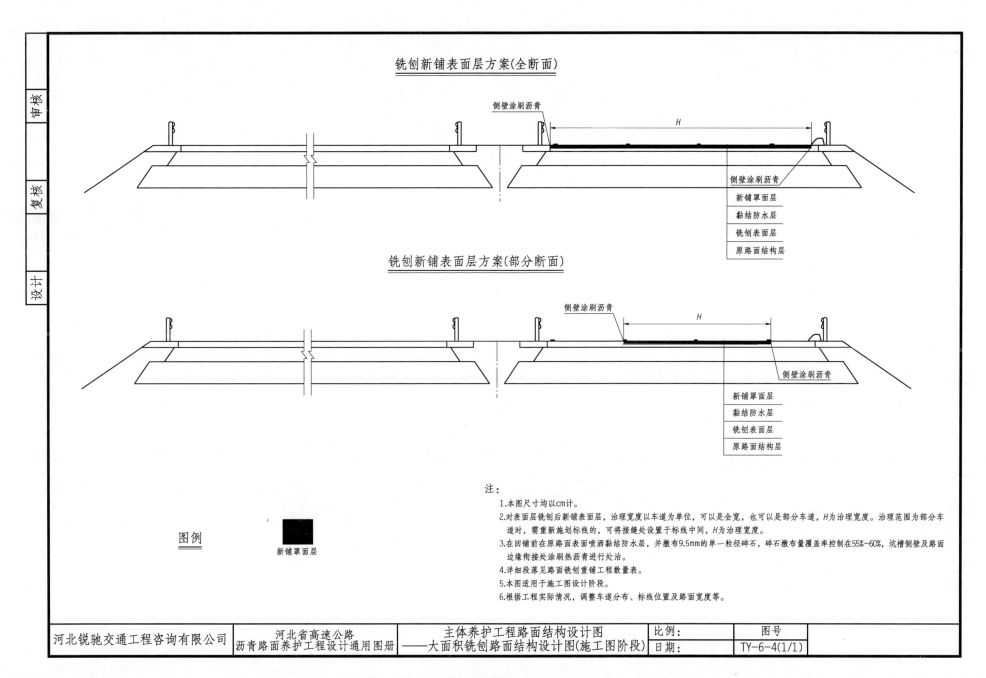

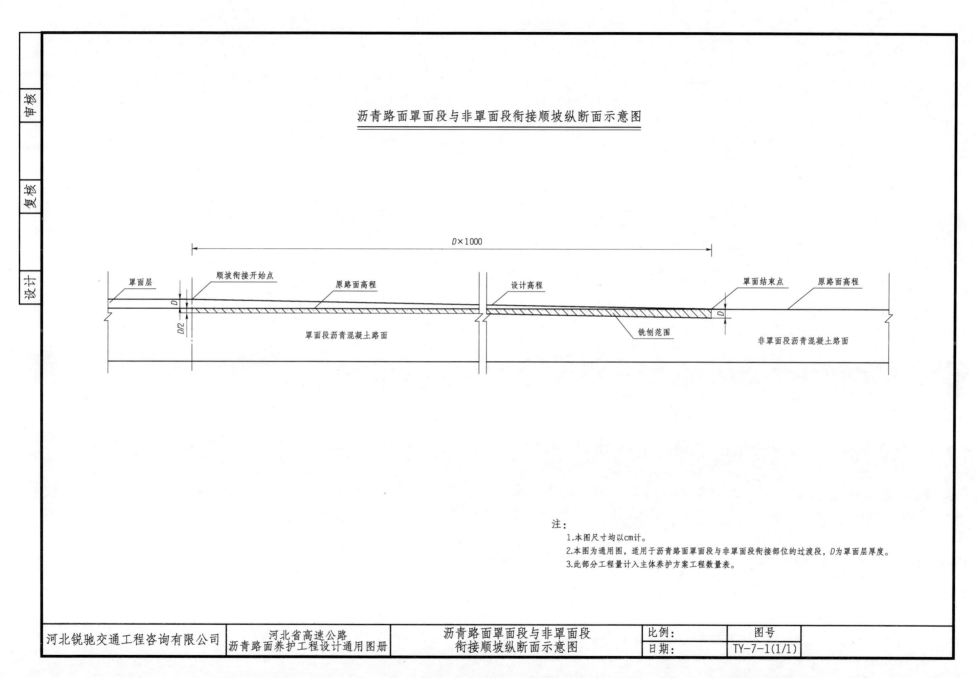

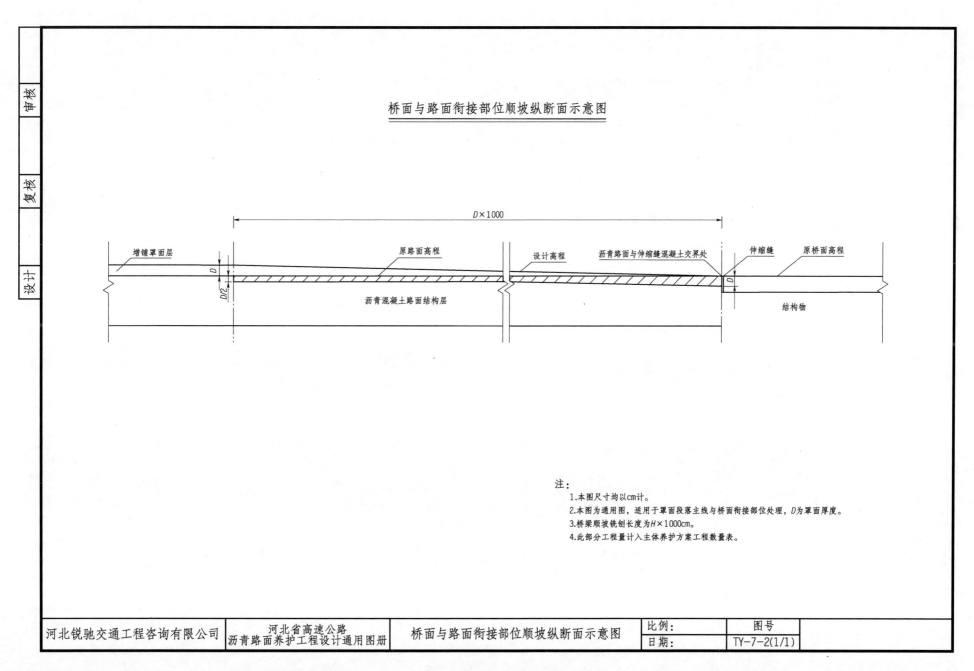

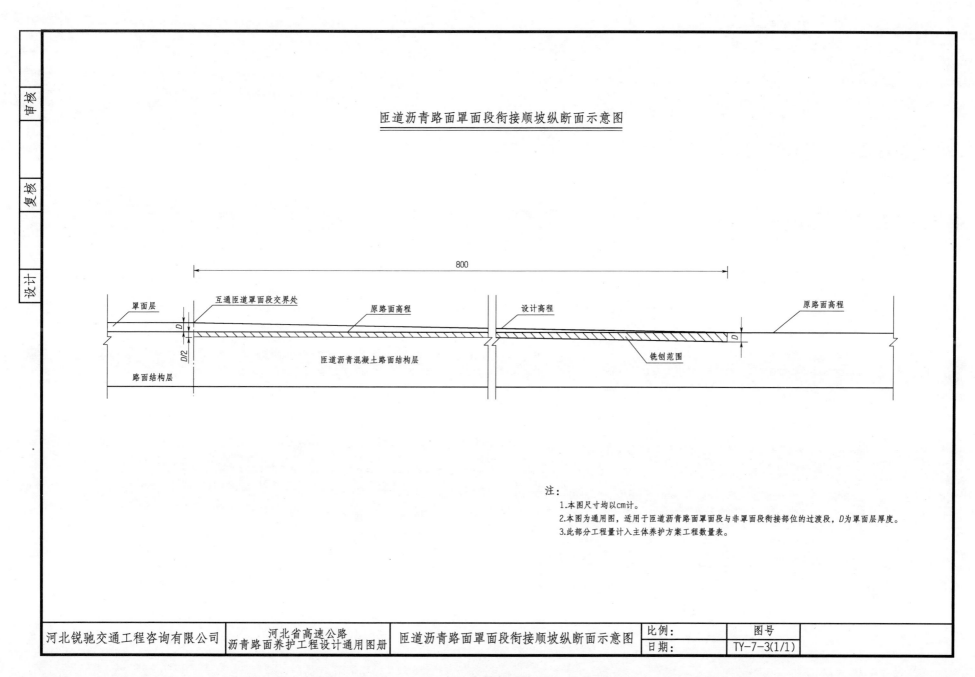

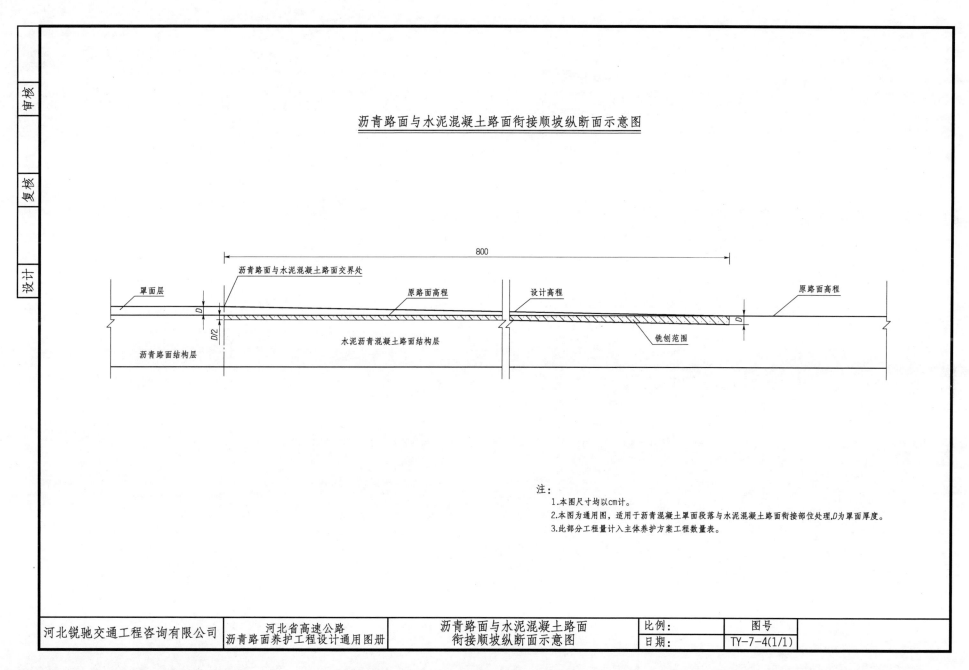

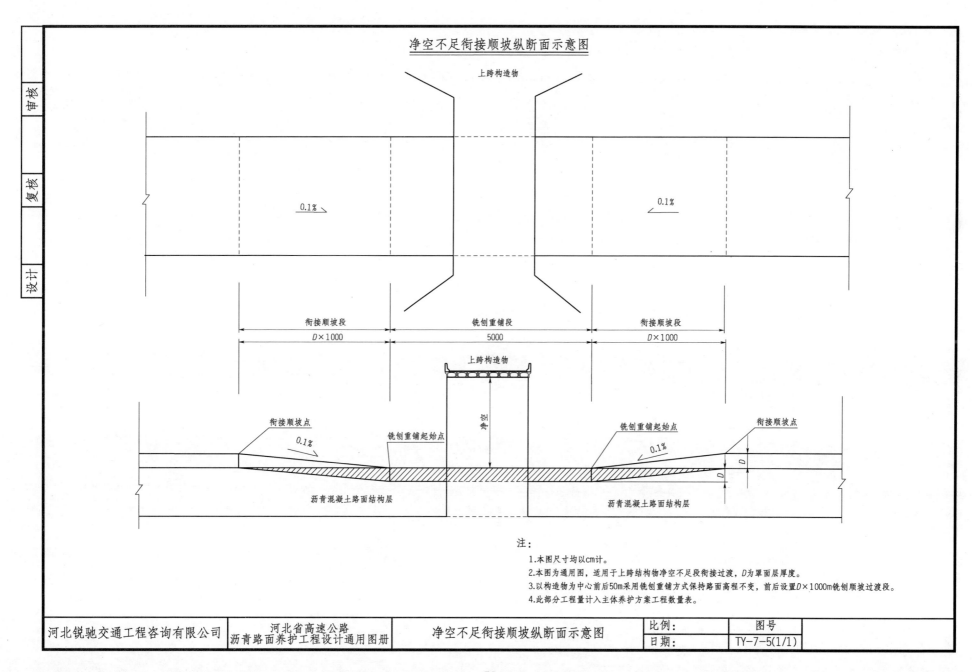

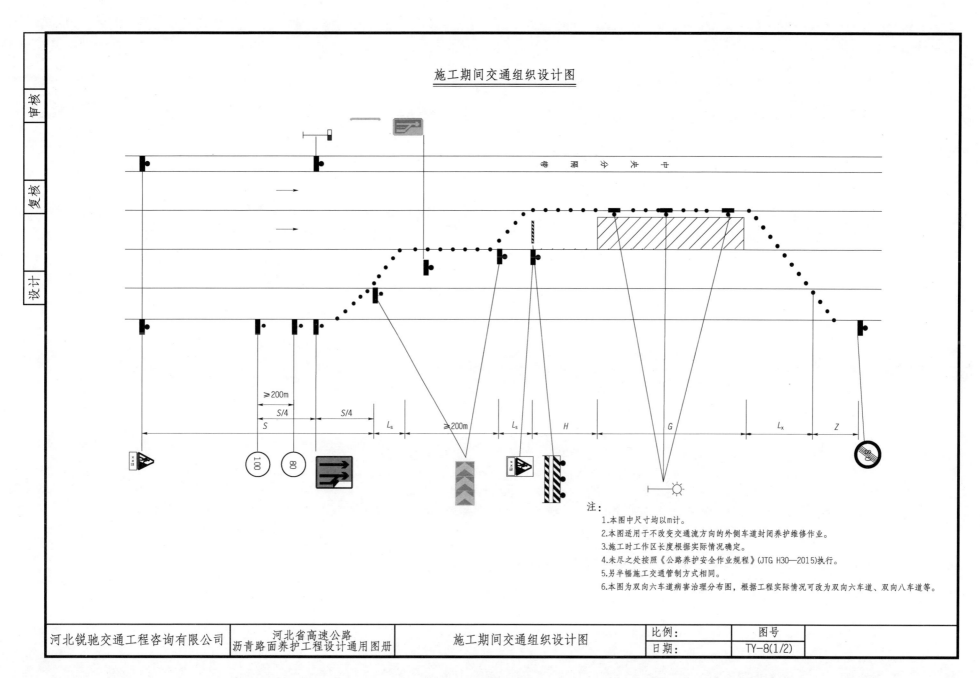

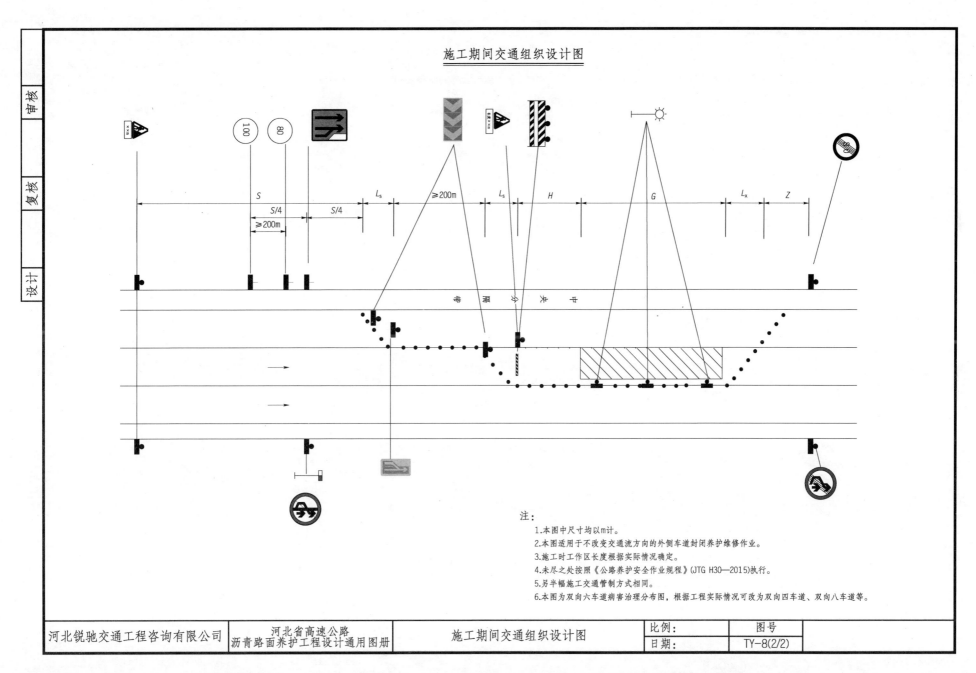

二、工程示例

××高速公路路面病害治理工程方案设计说明

某高速公路经过多年运营，路面病害较多，使用性能明显降低，急需进行中修养护工程。

该段主线按平原微丘区标准设计，双向六车道，原路面结构为4cm AC-13C改性沥青混凝土，中面层为6cm AC-16C改性沥青混凝土，底面层为8cm AC-20C改性沥青混凝土，在使用期间曾进行过一次罩面处理，方案为4cm SMA-13，目前路面结构层总厚度为19cm。

选取K0+000～K3+000段（左幅）为实际工程案例，作为本图册使用示例。

一、方案设计阶段设计说明主要内容

(1)建设必要性。
(2)交通量现状及预测。
(3)建设养护方案。
(4)投资估算及资金筹措。
(5)实施方案。
(6)工程环境影响分析。
(7)绩效评价。
(8)社会评价。
(9)问题与建议。

二、案例方案说明

1. 主体方案设计

经过现场调查，本次路面中修设计方案为：

推荐方案：加铺4cm SMA-13沥青玛蹄脂碎石＋SBS改性沥青黏结防水层。

比较方案：对行车道部分加铺4cm AC-13C改性沥青混凝土＋SBS改性沥青黏结防水层。

2. 局部挖补治理方案

罩面前对原路面病害较严重段落进行局部挖补病害治理，挖补回填结构层设计如下：

铣刨方案	回铺方案
铣刨罩面层	4cm AC-13C改性沥青混凝土
铣刨上面层	8cm AC-20C
铣刨中面层	4cm AC-13C＋10cm AC-20C
铣刨下面层	8cm AC-20C＋14cm ATB-25

3. 相关问题解决方案

(1) 对拦水带的影响。

经现场调查,罩面后对拦水带没有影响,因此对拦水带无需进行更换和调整。

(2) 上跨结构物净空的限制。

本次工程范围内无净空限制。

(3) 对护栏高程的影响。

根据现场调查,本项目施工范围内罩面后护栏高度符合使用要求。本次不对波形梁钢护栏的高程进行调整。

(4) 桥梁结构物伸缩缝处铺筑上面层顺坡衔接。

直接进行罩面的小型构造物,对于设有异型钢伸缩缝的桥梁,采取桥头铣刨顺坡的方式进行处理,顺坡长度为40m。

对于无异型钢伸缩缝的中小构造物,在切缝位置增加抗裂贴处治,然后进行罩面,铺筑后在板端与背墙间切0.5cm缝隙,缝隙上开槽1.5cm×1.5cm,灌注热改性沥青。

(5) 罩面段与非罩面段衔接处理。

采取铣刨顺坡的方式进行处理,顺坡长度为40m。

(6) 中央分隔带开口。

对本次工程范围内的中央分隔带开口原路面进行彻底清理后,参照主线罩面方案一并处置。

(7) 沥青路面施工接缝的处理。

为了增加沥青混凝土的密实性,降低雨水对路面的水损坏,应在路面病害治理过程中的侧壁涂刷SBS热改性沥青,以及对罩面层的纵向施工缝顶面处涂刷10cm宽的SBS改性沥青进行封缝处理,用量控制在$1.5kg/m^2$。

(8) 路面边部处理。

中央分隔带两侧及道路外侧衔接处,用沥青混凝土铺筑,保证不留倒角,雨后不能积水,同时采用热沥青涂刷侧壁进行封水处理。

本工程为图册使用示例,不代表任何实际工程。

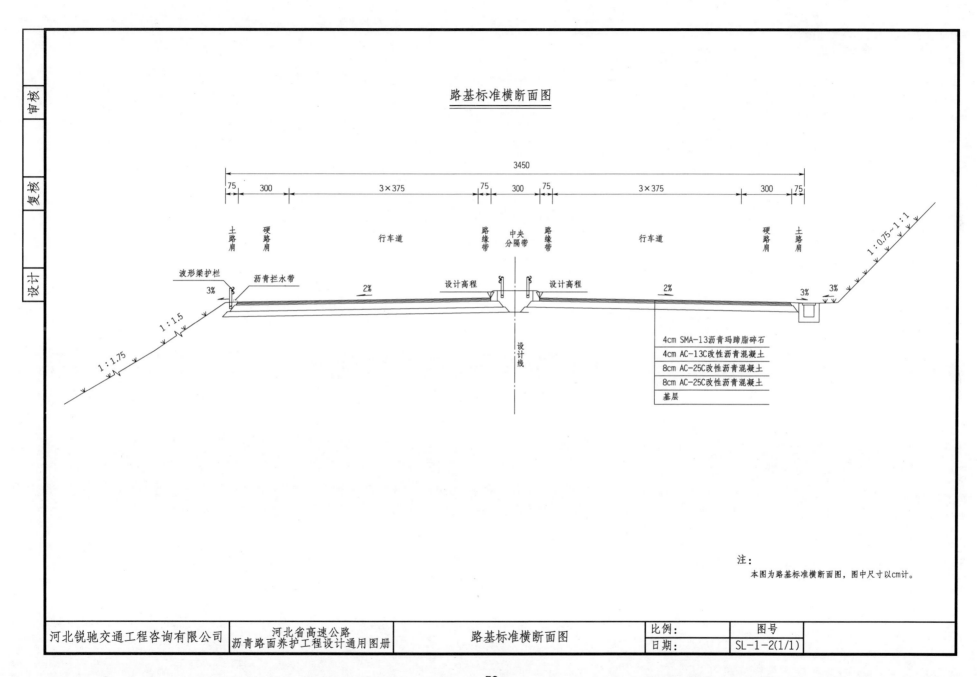

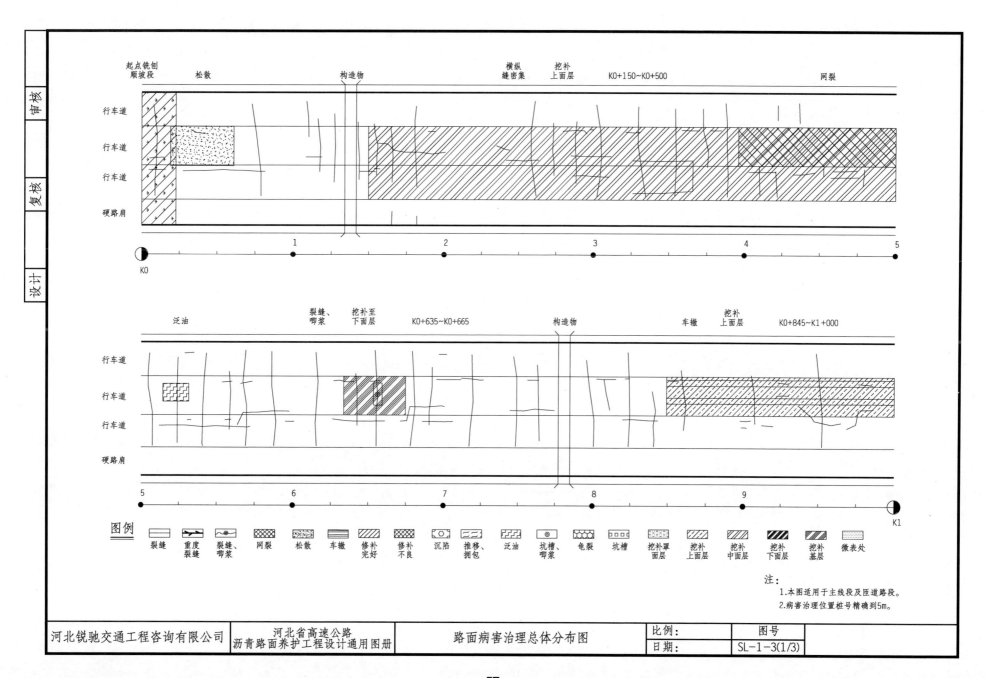

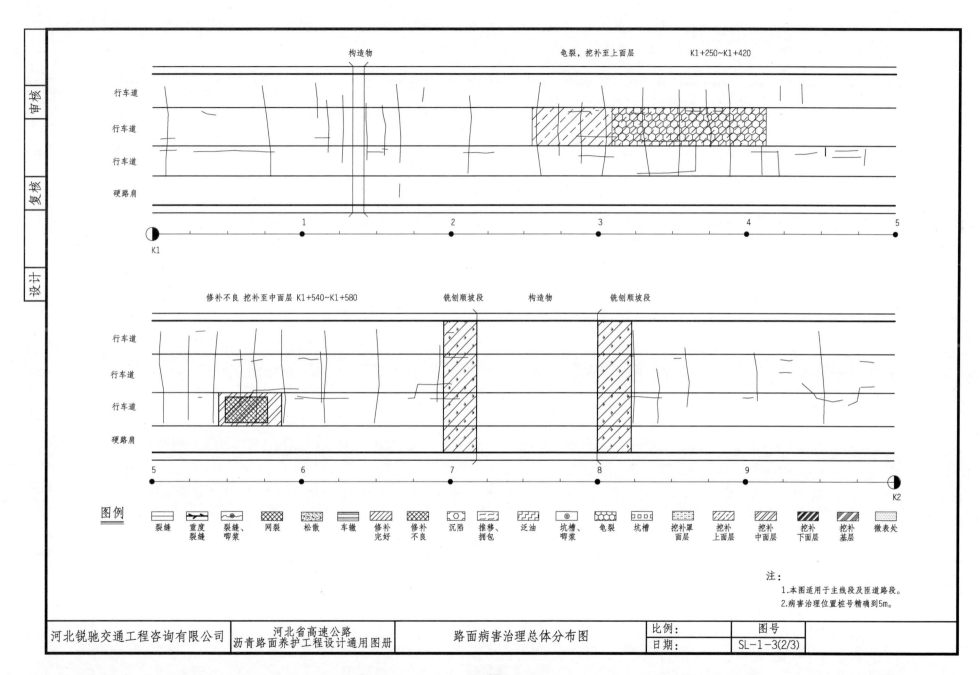

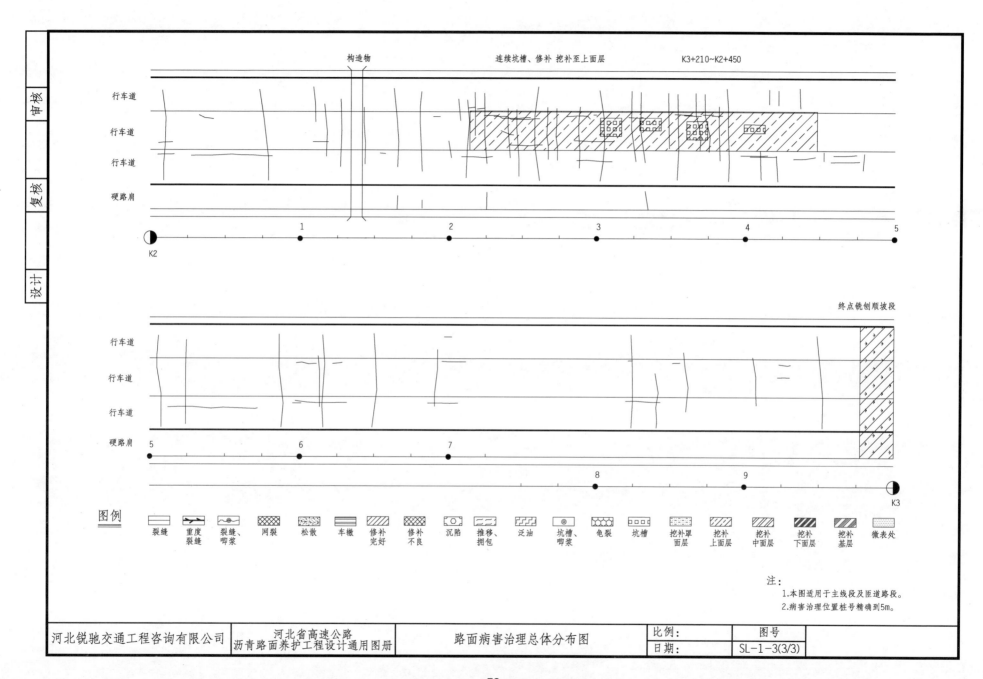

路面局部挖补病害治理工程数量表

项目名称：××高速公路路面病害治理工程

SL-1-4(1/1)

序号	起止桩号	方向	路段长度（m）	治理宽度（m）	治理深度 D	车道位置	铣刨工程量				新铺4cm AC-13C改性沥青混凝土（m²）	新铺8cm AC-20C改性沥青混凝土（m²）	新铺10cm AC-20C改性沥青混凝土（m²）	新铺14cm ATB-25（m²）	黏层油（m²）	透层油（m²）	备注
							铣刨4cm罩面层（m²）	铣刨4cm上面层（m²）	铣刨6cm中面层（m²）	铣刨8cm下面层（m²）							
1	K00+150～K0+500	左幅	350	7.425	中面层	中间、外侧行车道	2598.8	2598.8	2598.8		2598.8		2598.8		5197.5		横纵缝密集
2	K00+635～K0+665	左幅	30	3.6	下面层	中间行车道	108.0	108.0	108.0	108.0	108.0	108.0		108.0	216.0	108.0	裂缝伴随唧浆
3	K00+845～K1+000	左幅	155	3.6	罩面层	中间行车道	558.0				558.0				558.0		车辙
4	K01+310～K1+420	左幅	110	3.6	上面层	中间行车道	396.0	396.0				396.0			396.0		龟裂
5	K01+540～K1+580	左幅	40	3.6	中面层	中间行车道	144.0	144.0	144.0		144.0		144.0		288.0		修补不良
6	K02+210～K2+450	左幅	240	3.675	上面层	外侧行车道	882.0	882.0				882.0			882.0		连续坑槽
合计			925				4687	4129	2851	108	3409	1386	2743	108	7538	108	

编制：　　复核：

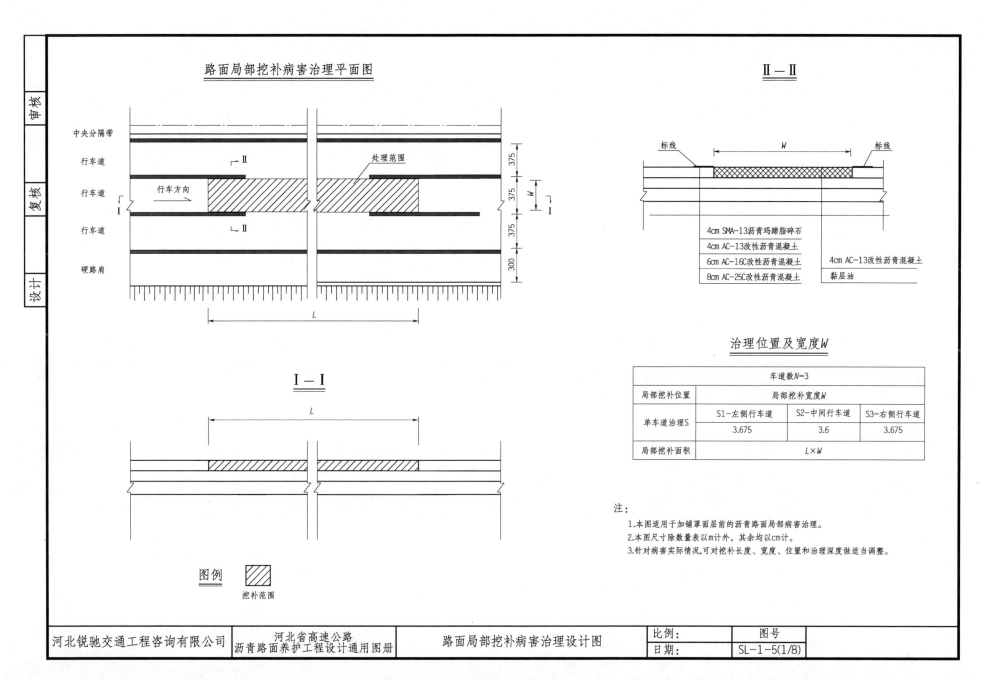

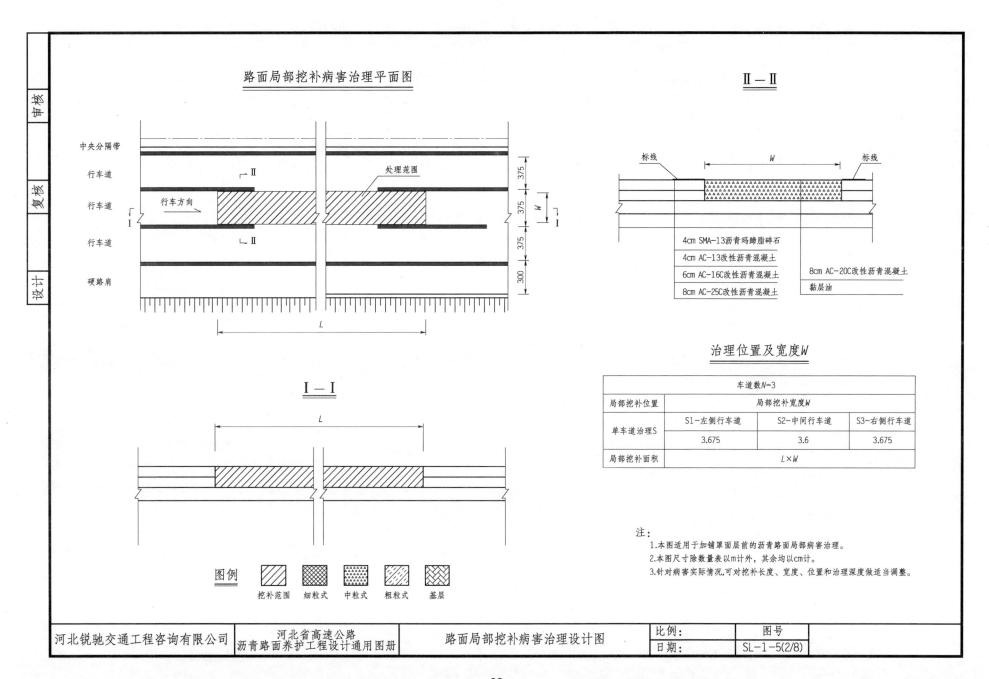

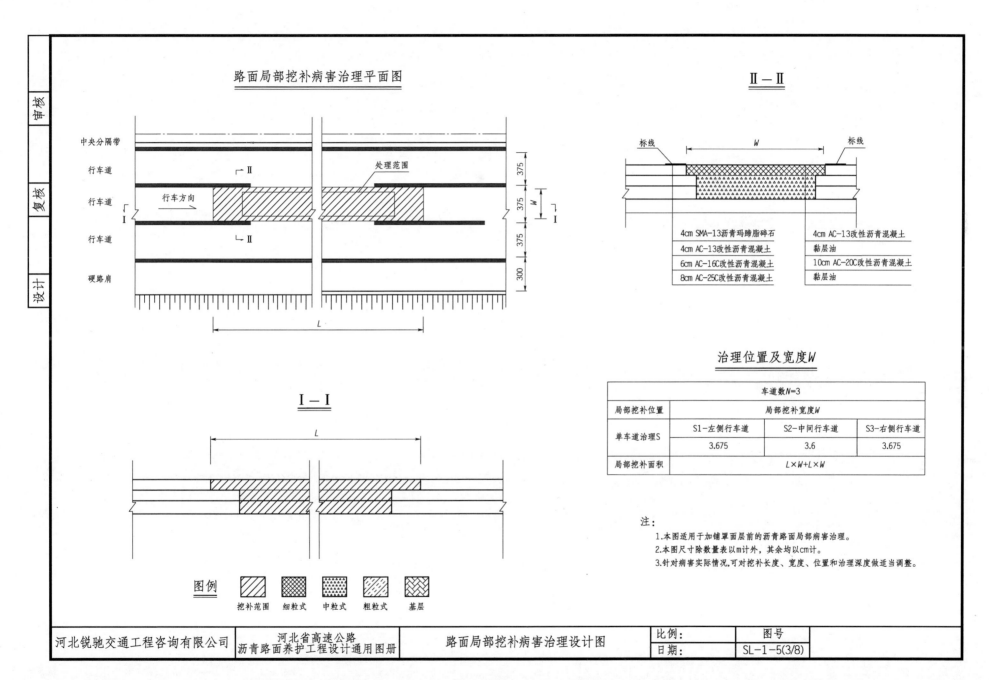

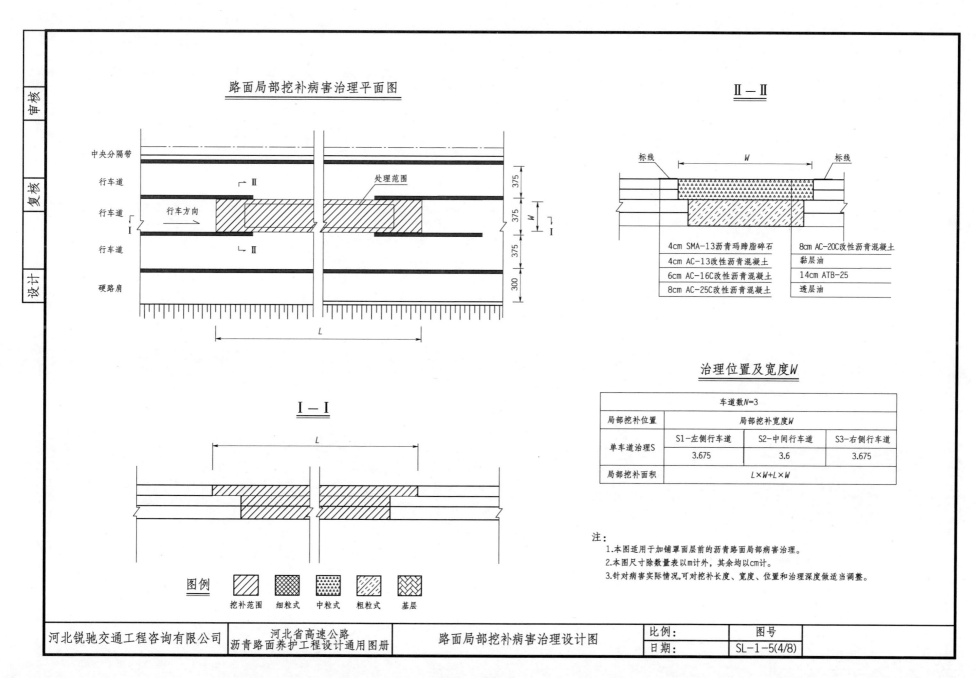

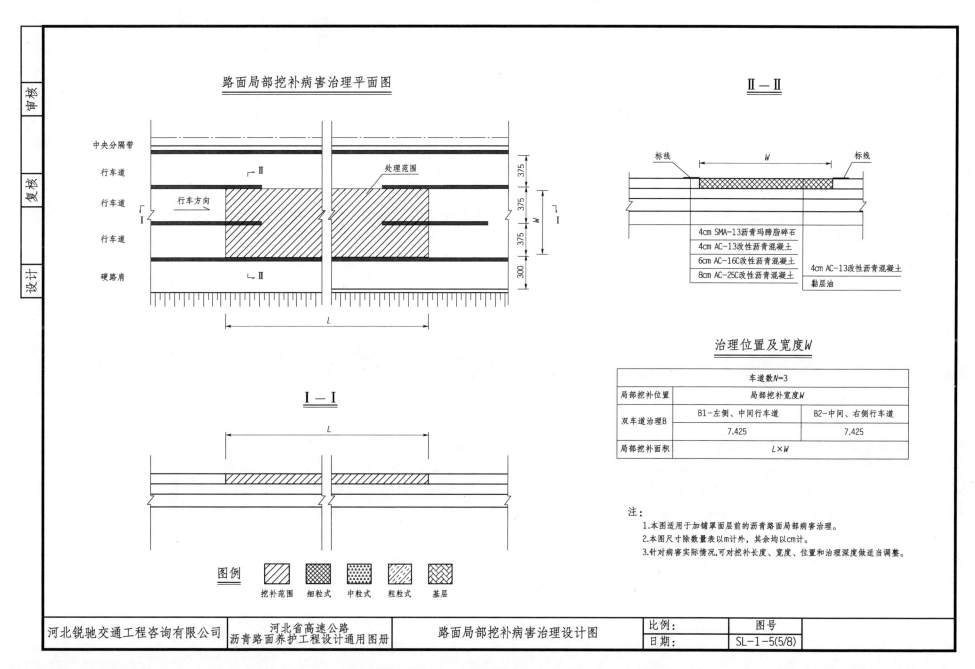

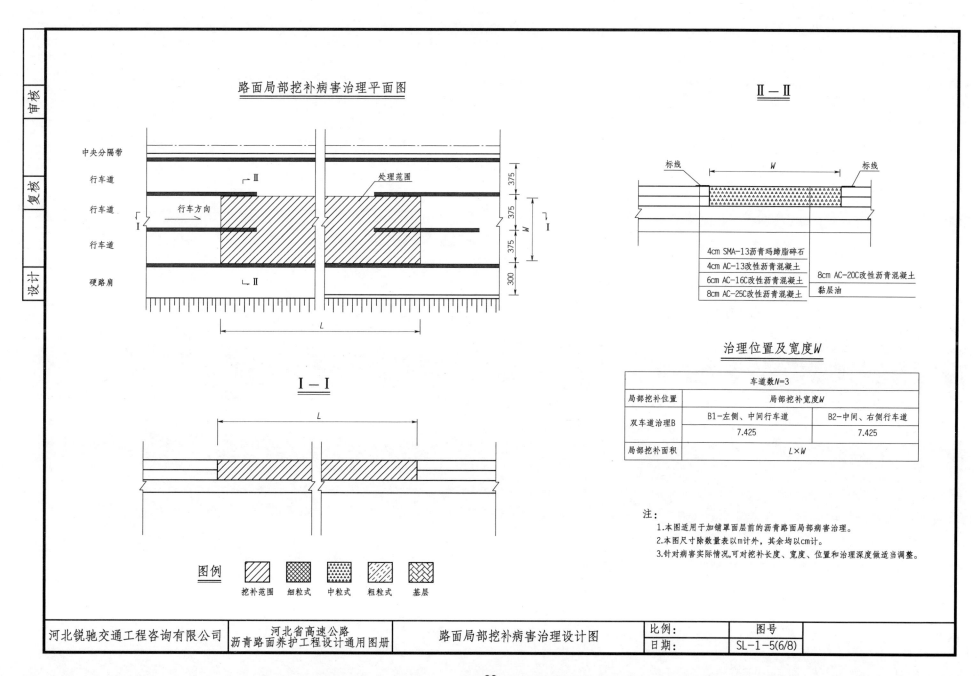

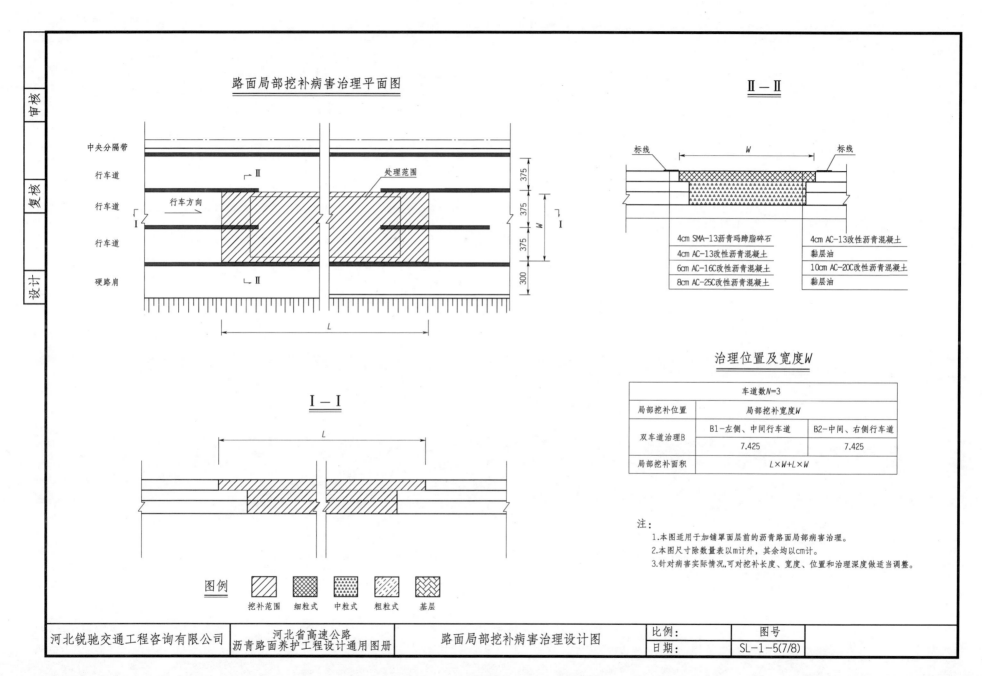

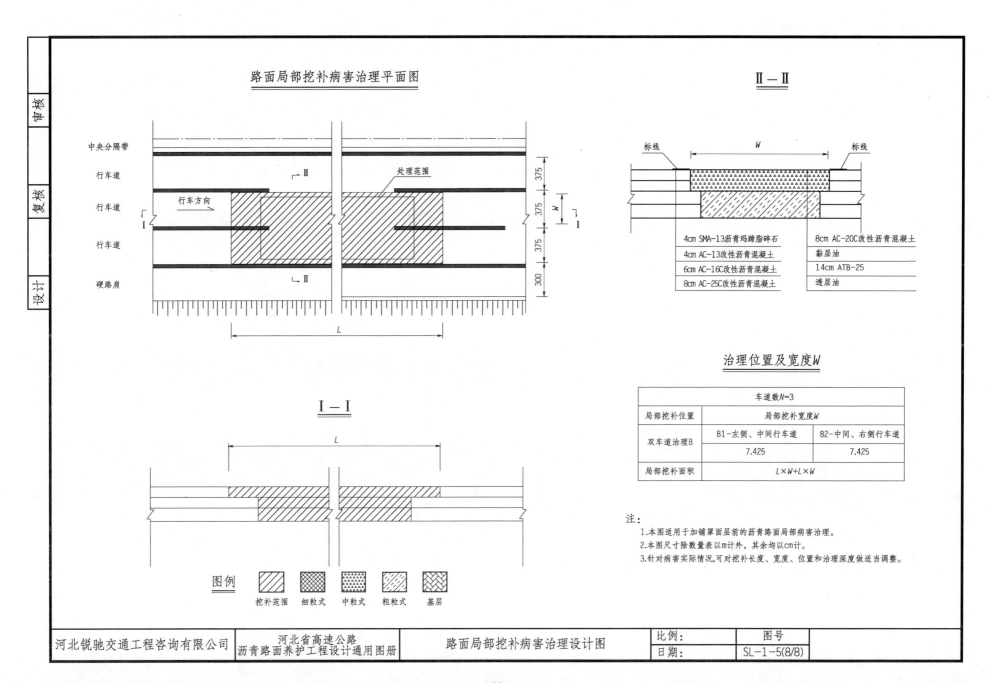

主体养护方案工程数量表（推荐方案）

项目名称：××高速公路路面病害治理工程　　　　　　　　　　　　　　　　　　　　　　　　　　　　　　　　　SL-1-6-1（1/1）

序号	起止桩号	位置	主体方案	路段长度（m）	路面宽度（m）	衔接部位铣刨（m²）	新铺4cm SMA-13改性沥青混凝土（m²）	SBS改性沥青黏结防水层（m²）	标线（m²）	备注
1	K00+000～K1+745	左幅	全断面罩面	1745.0	15.0	1200.0	26175.0	26175.0	959.8	
2	K01+745～K1+800	左幅	全断面罩面	55.0						
3	K01+800～K3+000	左幅	全断面罩面	1200.0	15.0	1200.0	18000.0	18000.0	660.0	
	合计			3000	2400	44175	44175	1620		

编制：　　复核：

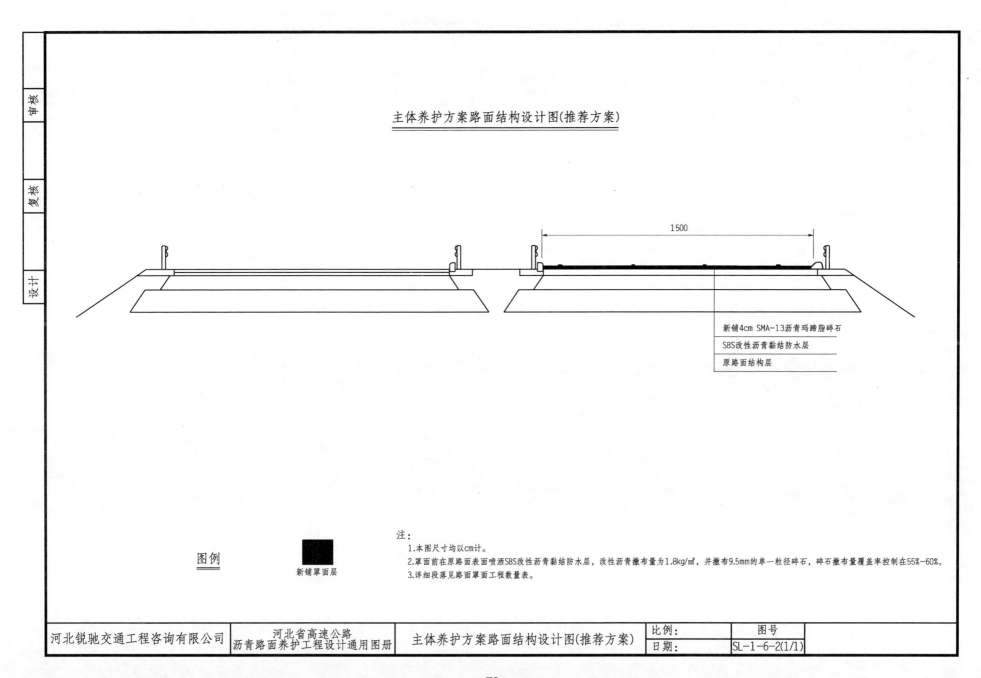

主体养护方案工程数量表（比较方案）

项目名称：××高速公路路面病害治理工程　　　　　　　　　　　　　　　　　　　　　　　　　　　　　　　SL-1-6-3(1/1)

序号	起 止 桩 号	位置	主体方案	路段长度（m）	路面宽度（m）	衔接部位铣刨（m²）	新铺4cm AC-13C改性沥青混凝土（m²）	SBS改性沥青黏结防水层（m²）	标线（m²）	备 注
1	K00+000～K1+745	左幅	部分断面罩面	1745.0	12.7	1200.0	22161.5	22161.5	959.8	
2	K01+745～K1+800	左幅	部分断面罩面	55.0						
3	K01+800～K3+000	左幅	部分断面罩面	1200.0	12.7	1200.0	15240.0	15240.0	660.0	
	合计			3000		2400	37402	37402	1620	

编制：　　　复核：

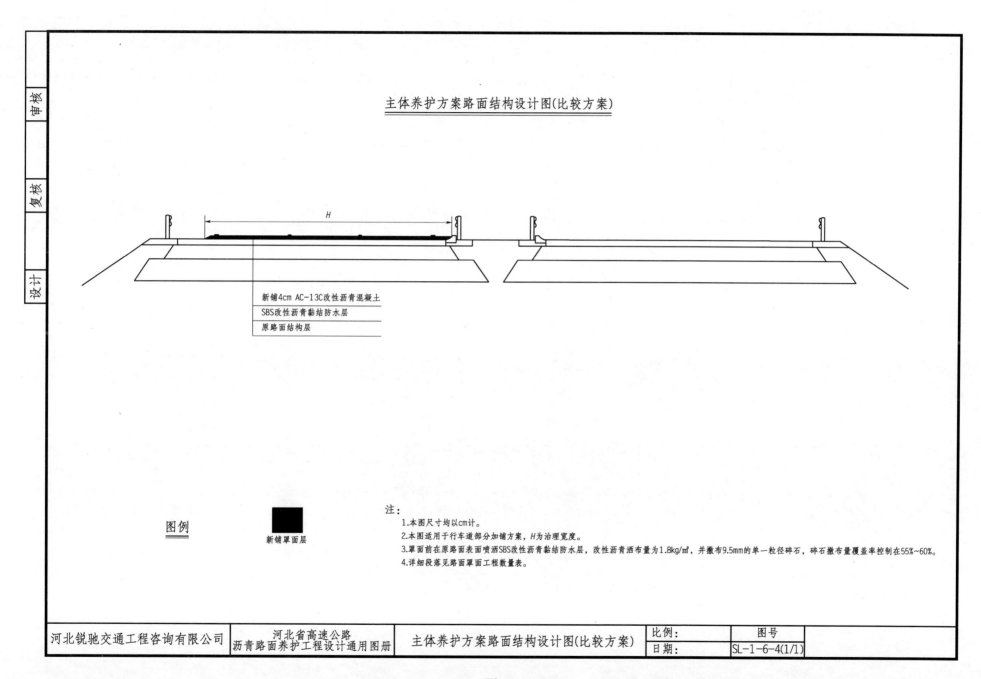

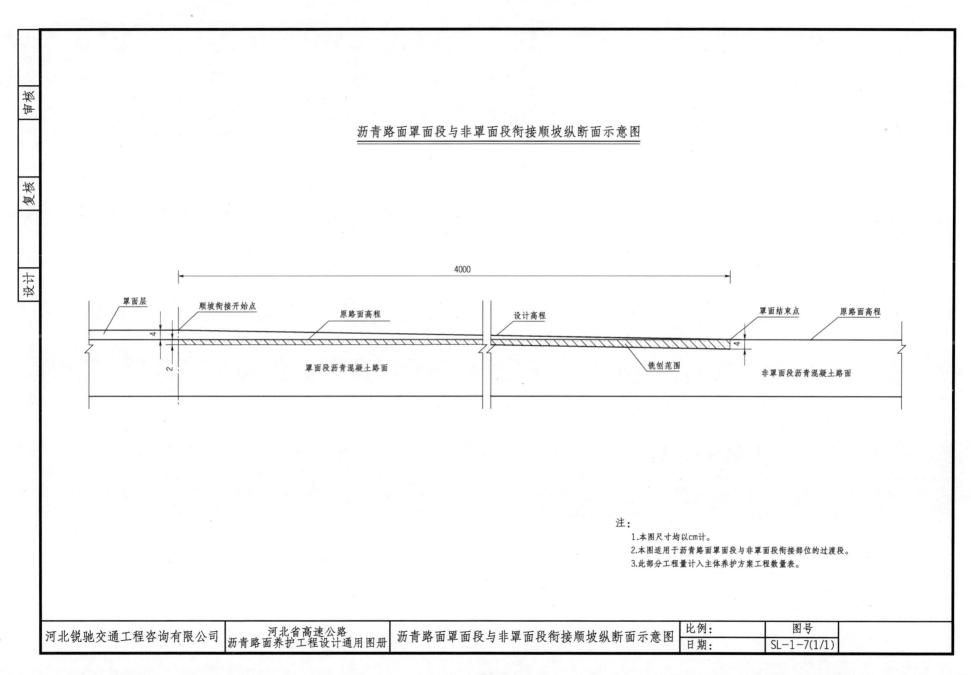

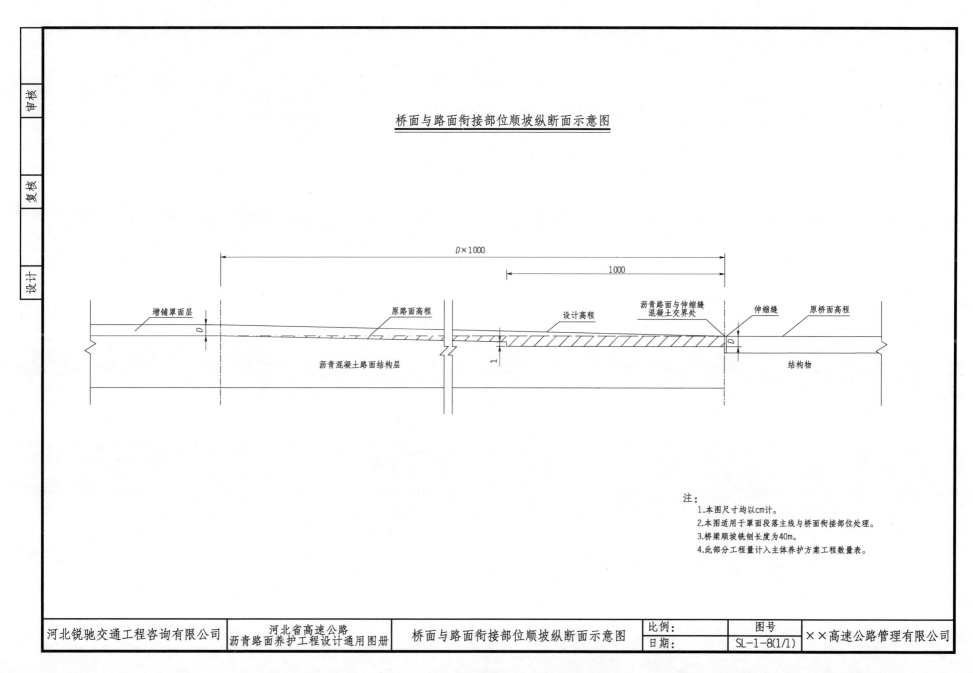

中央分隔带开口处理工程数量表

项目名称：××高速公路路面病害治理工程

SL-1-9(1/1)

序号	起止桩号	开口长度（m）	宽度（m）	工程数量			备注
				新铺罩面层（m²）	黏结防水层（m²）	改性热沥青封缝（m）	
1	K00+500～K0+540	40	3.00	105.0	105.0	50.0	
2	K02+100～K2+140	40	3.00	105.0	105.0	50.0	
	合计	80		210.0	210.0	100.0	

编制：   复核：

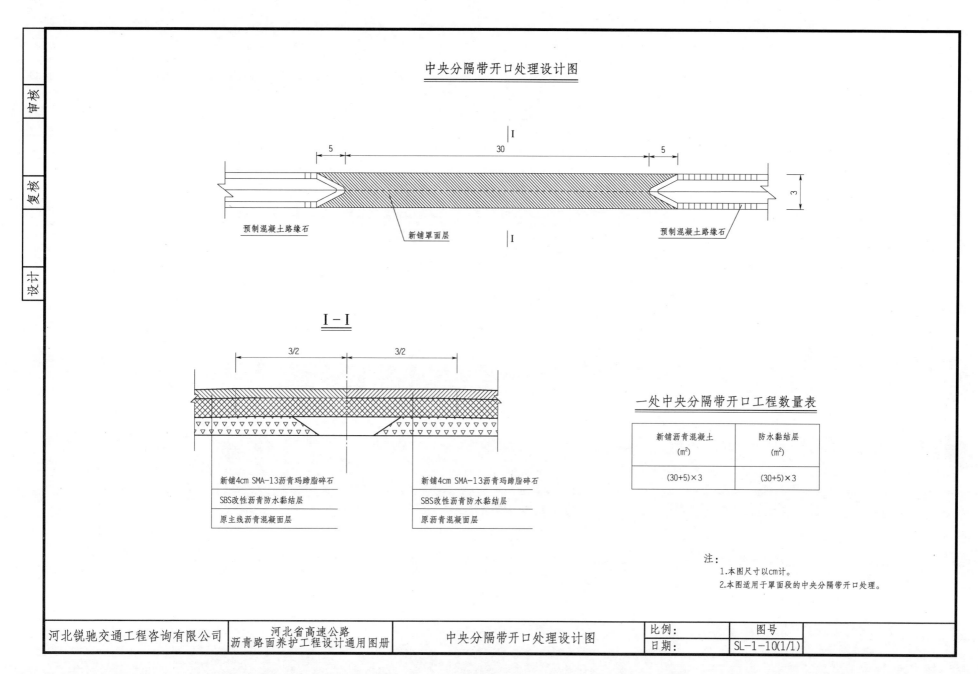

××高速公路路面病害治理工程施工图设计说明

某高速公路经过多年运营,路面病害较多,使用性能明显降低,急需进行中修养护工程。

该段主线按平原微丘区标准设计,双向六车道,原路面结构为4cm AC-13C 改性沥青混凝土,中面层为6cm AC-16C 改性沥青混凝土,底面层为8cm AC-20C 改性沥青混凝土,在使用期间曾进行过一次罩面处理,方案为4cm SMA-13,目前路面结构层总厚度为19cm。

选取 K0+000~K3+000 段(左幅)为实际工程案例,作为本图册使用示例。

一、施工图设计阶段设计说明主要内容

(1)工程概况。

(2)既有路面技术状况检测及评价。

(3)路面病害现状:分评价单元说明病害类型、程度、分布趋势等,应附主要、特殊病害的照片。

(4)路面病害钻芯检测与病害成因分析:结合路面病害现场调查及钻芯检测情况分析病害成因。

(5)路面养护设计方案。

(6)相关问题解决方案。

①路面排水。

②层间黏结。

③上跨构造物净空。

④中央分隔带开口。

⑤路面衔接。

⑥桥涵构造物顺坡衔接。

⑦桥头跳车等。

(7)材料组成及技术要求。

①沥青混合料。

A. 原材料技术要求。包括沥青、粗集料、细集料、填料等。

B. 混合料配合比设计和技术要求。包括目标配合比设计、混合料技术要求、验收标准等。

②其他材料。如水泥、水、抗裂贴、治理桥头跳车注浆材料等。

(8)施工要求及注意事项。

(9)动态设计及监控方案说明。

二、案例方案说明

1. 主体方案设计

经过现场调查,本次路面中修设计方案为:

加铺 4cm SMA-13 沥青玛蹄脂碎石 + SBS 改性沥青黏结防水层。

2. 局部挖补治理方案

罩面前对原路面病害较严重段落进行局部挖补病害治理,挖补回填结构层设计如下:

铣刨方案	回铺方案
铣刨罩面层	4cm AC-13C 改性沥青混凝土
铣刨上面层	8cm AC-20C
铣刨中面层	4cm AC-13C + 10cm AC-20C
铣刨下面层	8cm AC-20C + 14cm ATB-25

3. 相关问题解决方案

(1) 对拦水带的影响。

经现场调查,罩面后对拦水带没有影响,因此对拦水带不进行更换和调整。

(2) 上跨结构物净空的限制。

本次工程范围内无净空限制。

(3) 对护栏高程的影响。

根据现场调查,本项目施工范围内罩面后护栏高度符合使用要求。本次不对波形梁钢护栏的高程进行调整。

(4) 桥梁结构物伸缩缝处铺筑上面层顺坡衔接。

直接进行罩面的小型构造物,对于设有异型钢伸缩缝的桥梁,采取桥头铣刨顺坡的方式进行处理,顺坡长度为 40m。

对于无异型钢伸缩缝的中小构造物,在切缝位置增加抗裂贴处治,然后进行罩面,铺筑后在板端与背墙间切 0.5cm 缝隙,缝隙上开槽 1.5cm × 1.5cm,灌注热改性沥青。

(5) 罩面段与非罩面段衔接处理。

采取铣刨顺坡的方式进行处理,顺坡长度为 40m。

(6) 中央分隔带开口。

对本次工程范围内的中央分隔带开口原路面进行彻底清理后,参照主线罩面方案一并处置。

(7) 沥青路面施工接缝的处理。

为了增加沥青混凝土的密实性,降低雨水对路面的水损坏,应在路面病害治理过程中的侧壁涂刷 SBS 热改性沥青,以及对罩面层的纵向施工缝顶面处涂刷 10cm 宽的 SBS 改性沥青进行封缝处理,用量控制在 $1.5kg/m^2$。

(8) 路面边部处理。

中央分隔带两侧及道路外侧衔接处,用沥青混凝土铺筑,保证不留倒角,雨后不能积水,同时采用热沥青涂刷侧壁进行封水处理。

本工程为图册使用示例,不代表任何实际工程。

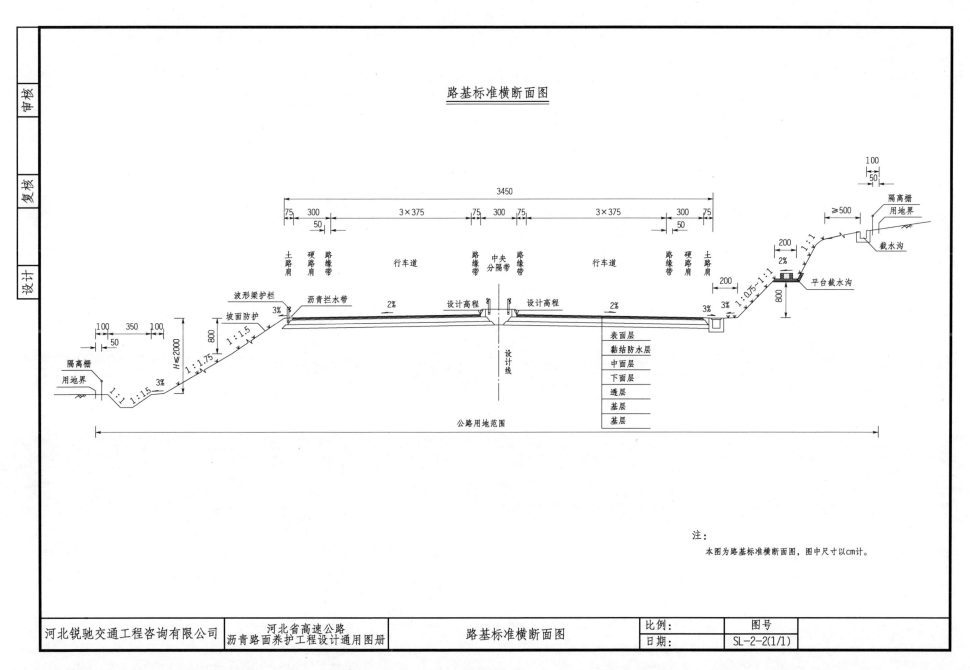

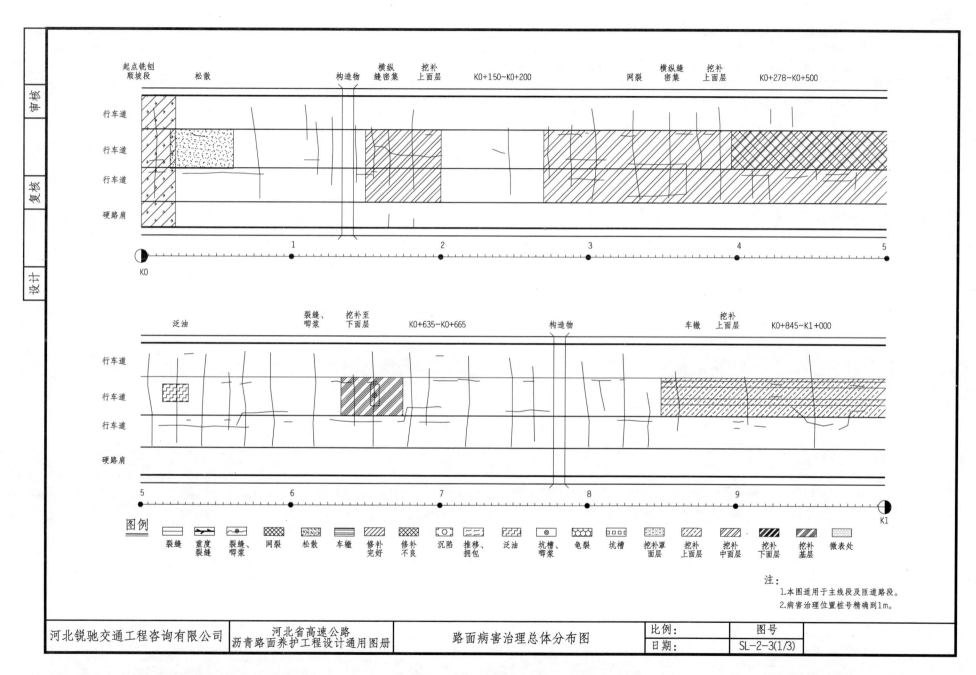

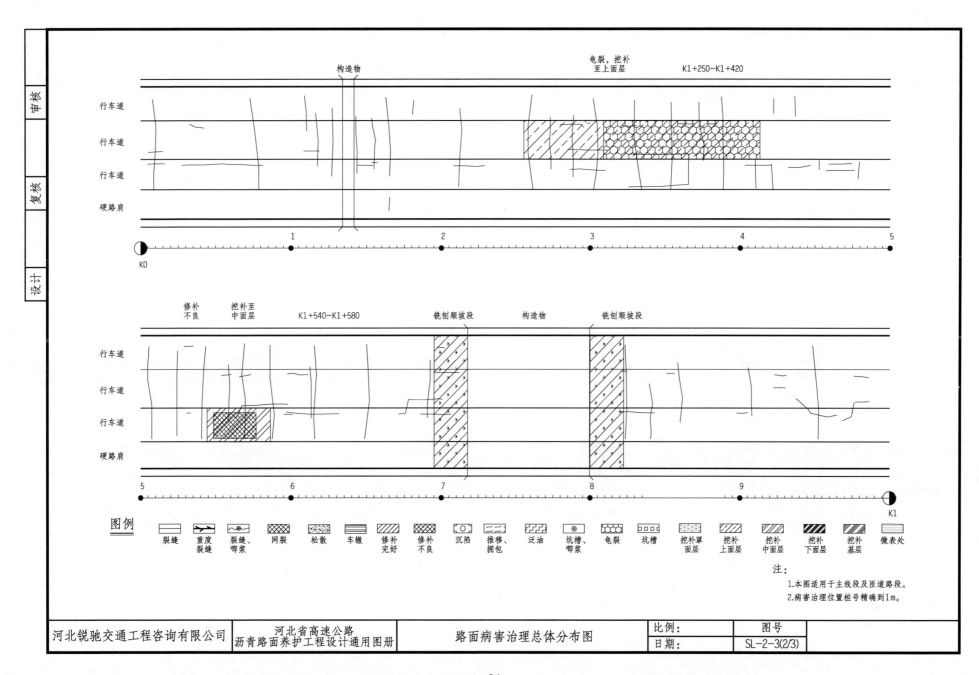

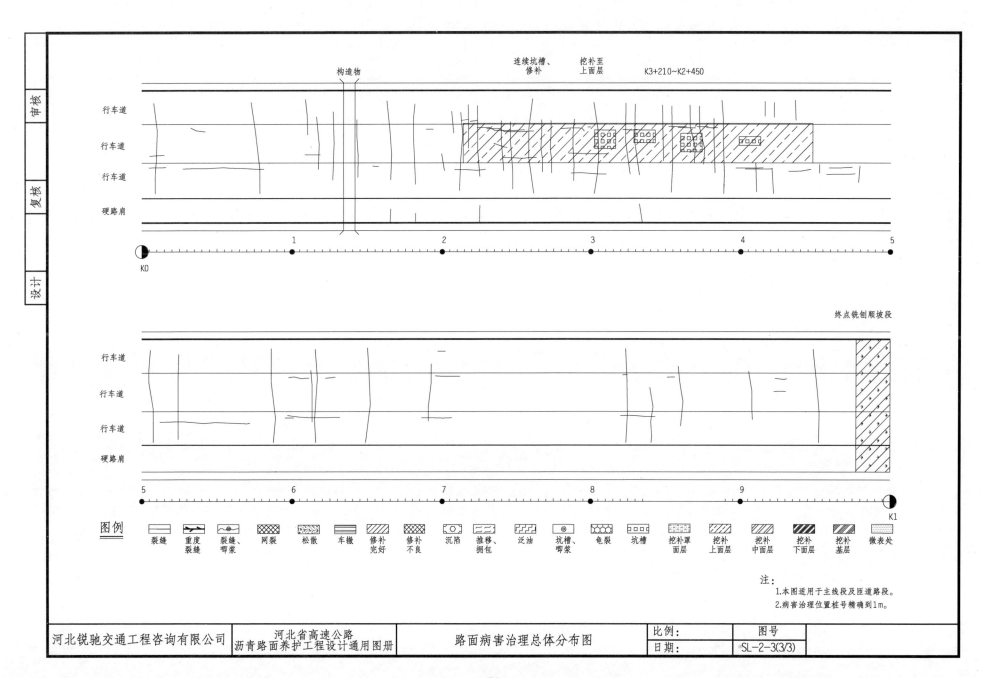

路面局部挖补病害治理工程数量表

项目名称：××高速公路路面病害治理工程

SL-2-4(1/1)

序号	起止桩号	方向	路段长度(m)	治理宽度(m)	治理深度	车道位置	铣刨工程量				新铺工程量								备注
							铣刨4cm罩面层(m^2)	铣刨4cm上面层(m^2)	铣刨6cm中面层(m^2)	铣刨8cm下面层(m^2)	新铺4cm AC-13C改性沥青混凝土(m^2)	新铺8cm AC-20C改性沥青混凝土(m^2)	新铺10cm AC-20C改性沥青混凝土(m^2)	新铺14cm ATB-25(m^2)	黏层油(m^2)	透层油(m^2)	改性沥青刷涂坑槽壁(m^2)	抗裂贴类材料(m^2)	灌缝(m)	
1	K00+150～K0+200	左幅	50	7.425	中面层	中、外行车道	371.3	346.8	371.3		371.3		346.8		718.1		15.7	37.5	114.9	横纵缝密集
2	K00+279～K0+500	左幅	221	3.6	下面层	中间行车道	795.6	744.6	795.6	795.6	795.6	795.6		744.6	1591.2	744.6	62.5	165.8	449.2	裂缝伴随唧浆
3	K00+635～K0+660	左幅	25	3.6	罩面层	中间行车道	90.0				90.0				90.0		2.3	18.8	57.2	车辙
4	K00+850～K1+000	左幅	150	3.6	上面层	中间行车道	540.0	503.2				540.0			540.0		24.6	112.5	307.2	龟裂
5	K01+310～K1+420	左幅	110	3.6	中面层	中间行车道	396.0	367.2	396.0		396.0		367.2		763.2		31.4	82.5	227.2	修补不良
6	K01+540～K1+580	左幅	40	3.675	上面层	外侧行车道	147.0	132.1				147.0			147.0		7.0	30.0	87.4	连续坑槽
7	K02+210～K2+450	左幅	240	3.675	中面层	中、外行车道	882.0	827.1	882.0		882.0		827.1		1709.1		67.8	180.0	487.4	
	合计		836				3222	2921	2445	796	2535	1483	1541	745	5559	745	211	627	1730	

编制：
复核：

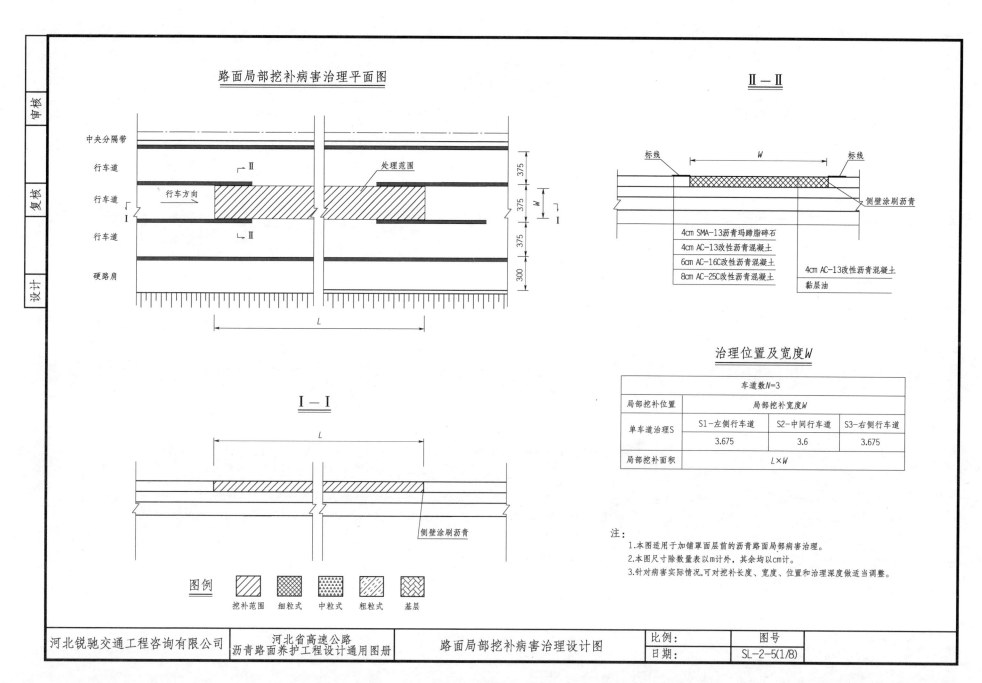

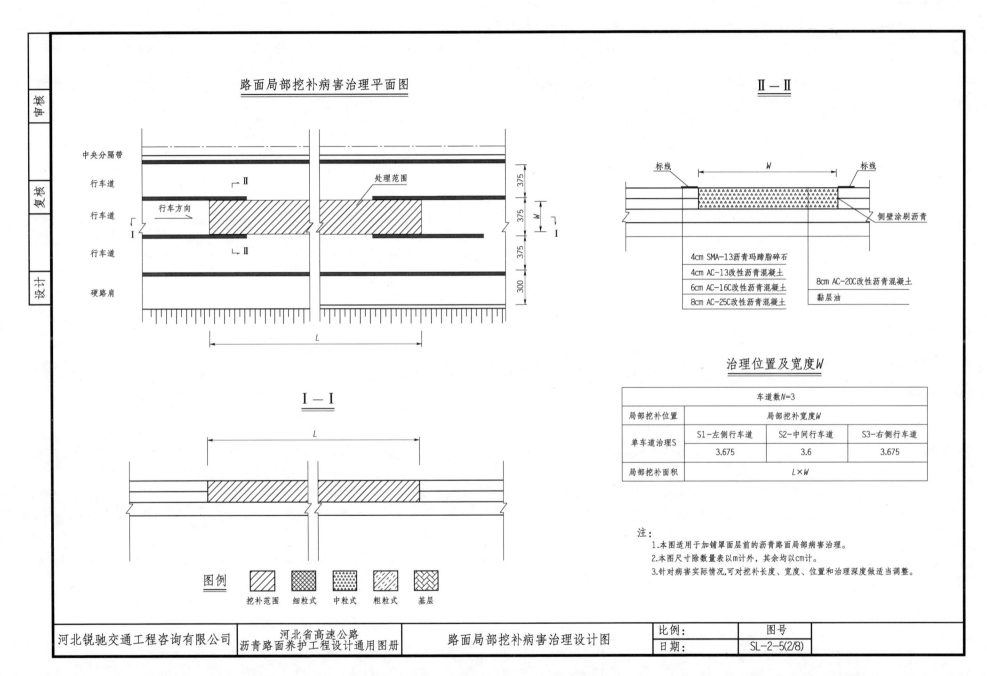

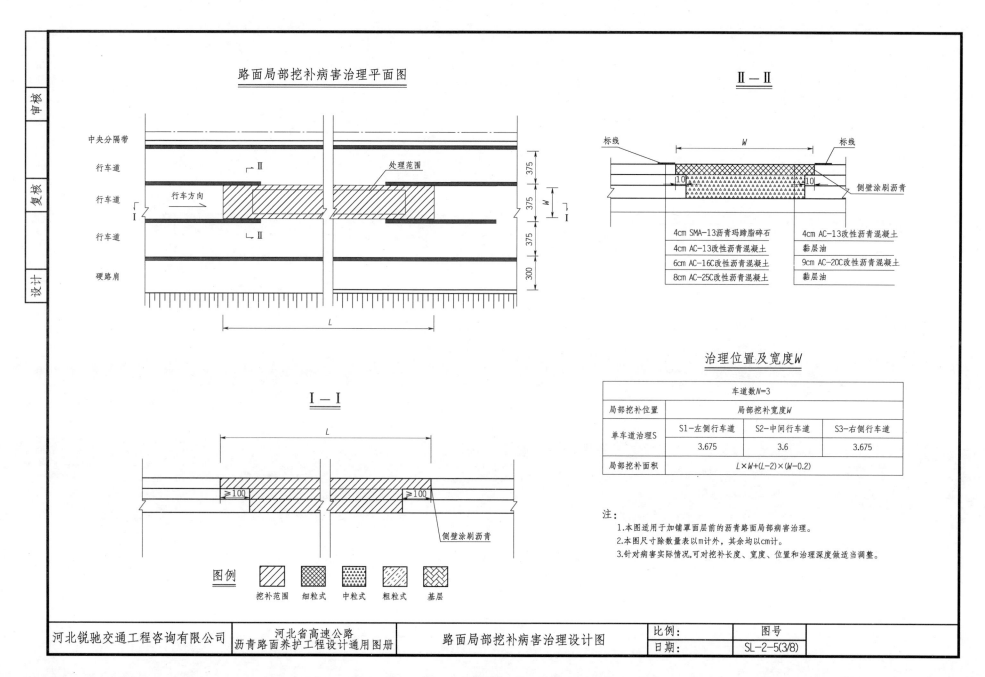

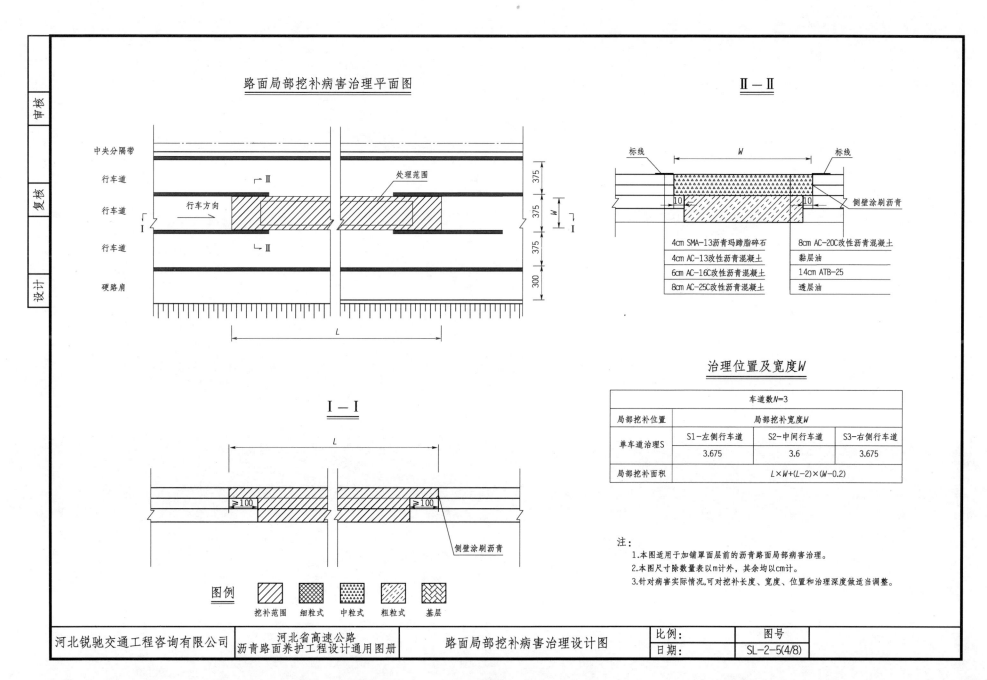

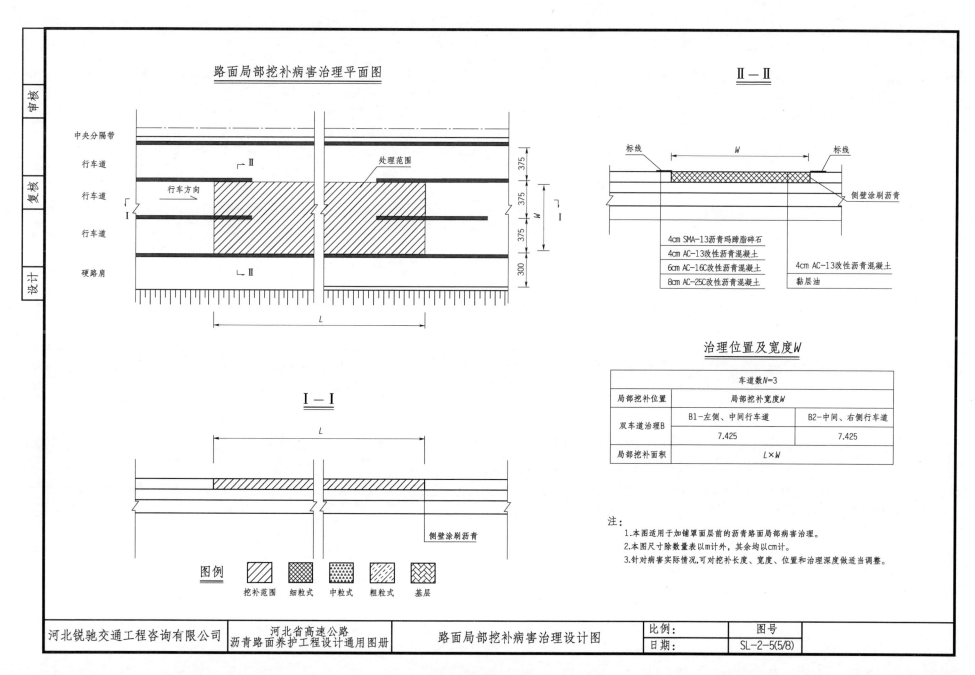

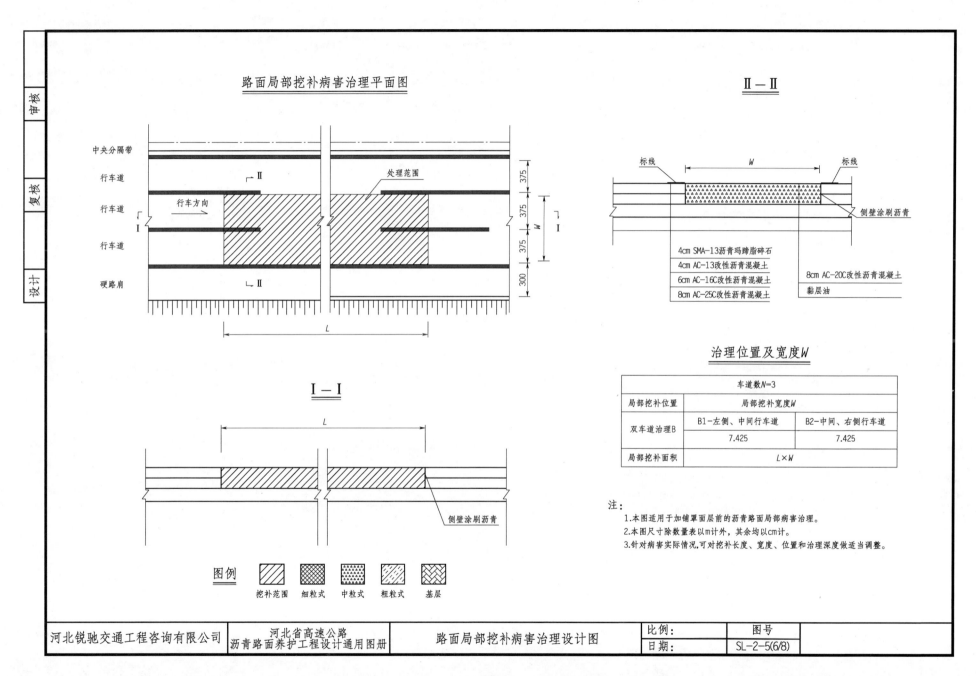

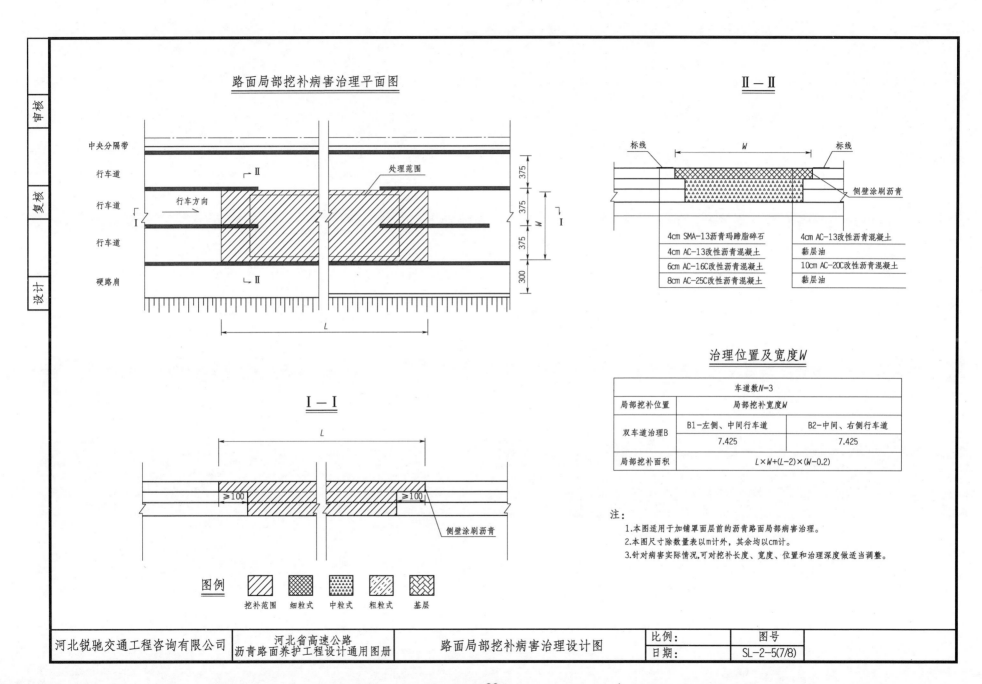

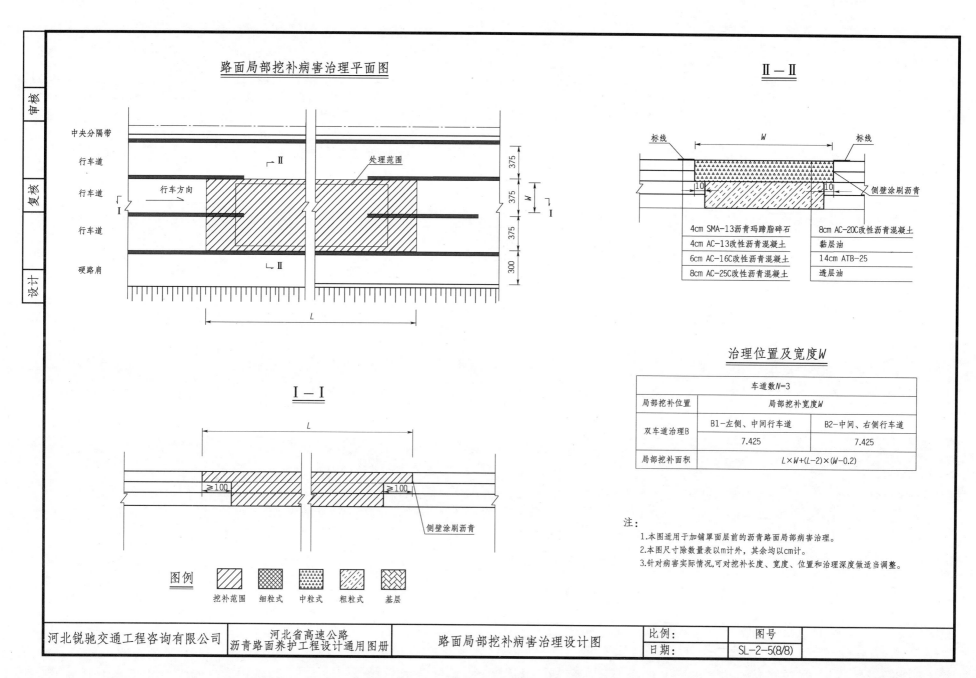

路面罩面工程数量表

项目名称：××高速公路路面病害治理工程项目名称

SL-2-6(1/1)

序号	起止桩号	位置	主体方案	路段长度（m）	路面宽度（m）	衔接部位铣刨（m²）	新铺4cm SMA-13改性沥青混凝土（m²）	SBS改性沥青黏结防水层（m²）	15cm宽施工接缝（m²）	改性热沥青封缝（m）	抗裂贴类材料（m²）	备注
1	K00+000~K1+745	左幅	全断面罩面	1745.0	15.0	1200.0	26175.0	26175.0	261.8	1745.0	523.5	
2	K01+745~K1+800	左幅	全断面罩面	55.0								
3	K01+800~K3+000	左幅	全断面罩面	1200.0	15.0	1200.0	18000.0	18000.0	180.0	1200.0	360.0	
	合计			3000	30		44175	44175	442	2945	884	

编制：　　　复核：

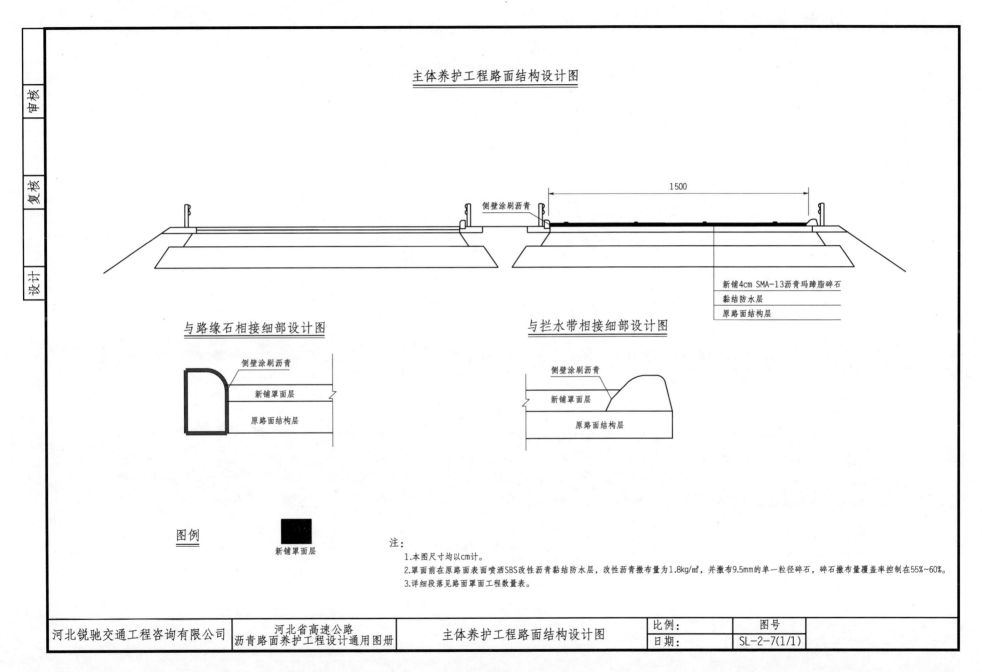

沥青路面罩面段与非罩面段衔接顺坡纵断面示意图

注：
1. 本图尺寸均以cm计。
2. 本图适用于沥青路面罩面段与非罩面段衔接部位的过渡段。
3. 此部分工程量计入主体养护方案工程数量表。

图号：SL-2-8(1/1)

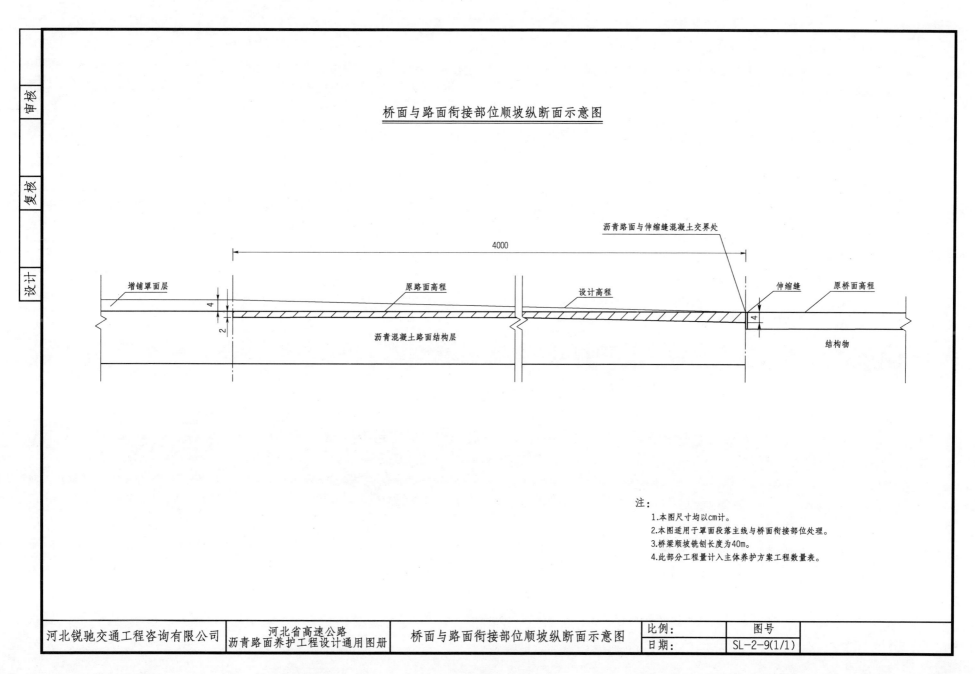

标线工程数量表

项目名称：××高速公路路面病害治理工程　　　　　　　　　　　　　　　　　　　　　　　　　　　　　　SL-2-10（1/1）

起讫桩号	清除标线工程量	标线宽度（cm）	主　线		主　线		出　入　口　区		出　入　口　区		减速标线	振动减速标线	其他标线（m²）	备注
			实线		虚线		斑马线		宽虚线					
			长度（m）	白色（m²）	长度（m）	白色（m²）	长度（m）	白色（m²）	长度（m）	白色（m²）	白色（m²）	白色（m²）		
K0+000~K3+000	1200	20	6000	1200										
K0+000~K3+000	180	15			3000	180								
合计			1200	180			0		0		0	0		0
总计（m²）	1380	普通标线	1380	振动标线	0									

编制：　　　复核：

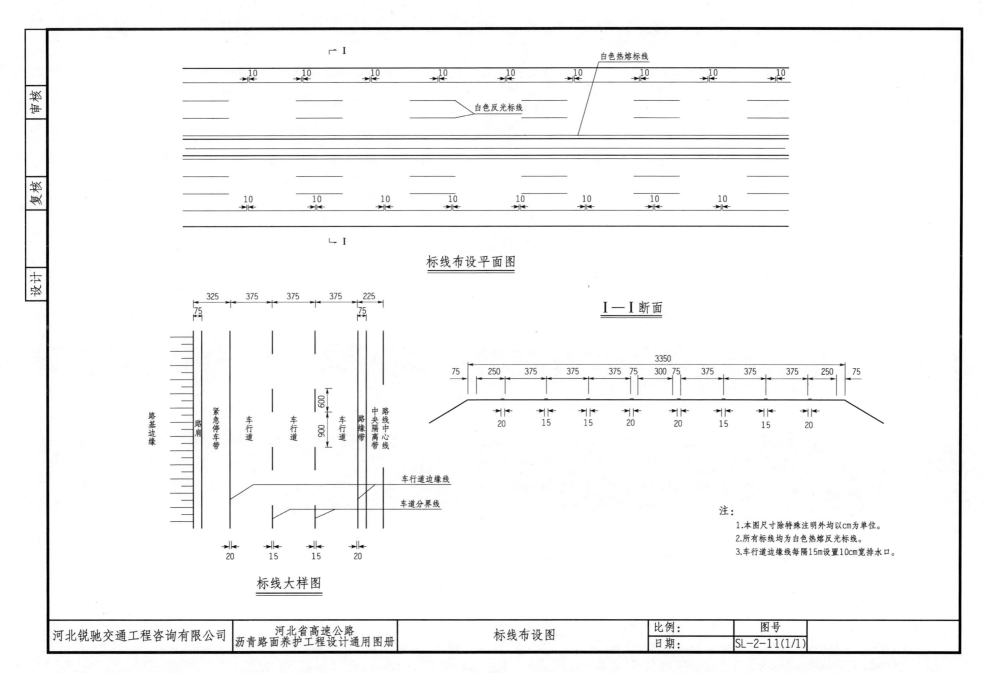

中央分隔带开口处理工程数量表

项目名称：××高速公路路面病害治理工程　　　　　　　　　　　　　　　　　　　　　　　　　　　　SL-2-12(1/1)

序号	起 止 桩 号	开口长度（m）	宽度（m）	工 程 数 量			备 注
				新铺罩面层（m^2）	黏结防水层（m^2）	改性热沥青封缝（m）	
1	K00+500～K0+540	40	3.00	105.0	105.0	50.0	
2	K02+100～K2+140	40	3.00	105.0	105.0	50.0	
	合计	80		210.0	210.0	100.0	

编制：　　　复核：

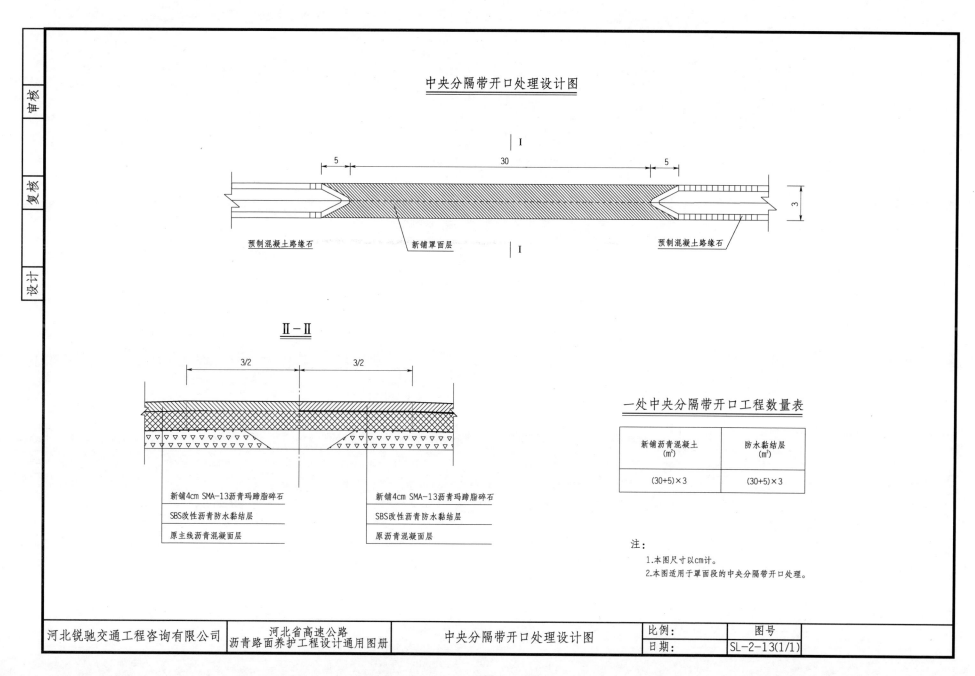

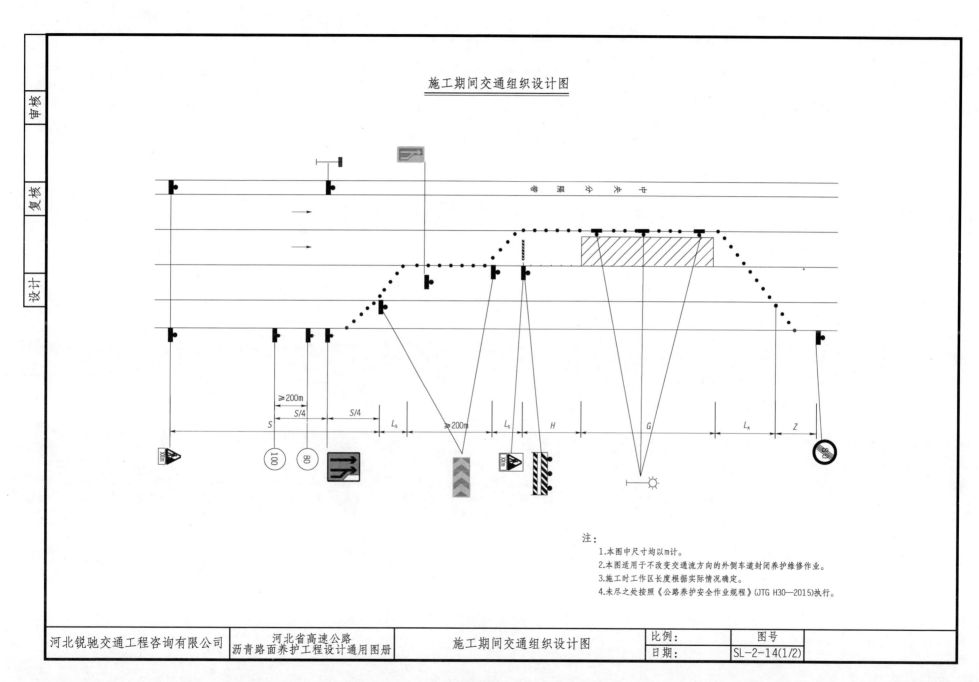

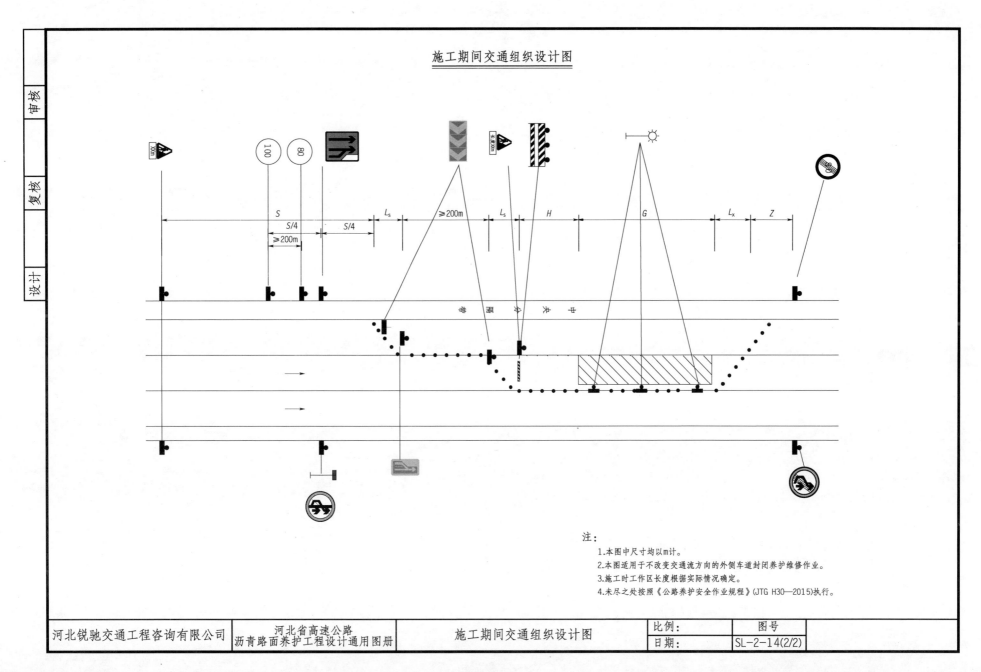

致　　谢

　　本图册是"高速公路沥青路面技术状况评价及养护勘测设计成套技术研究"（编号2013-1-3）课题研究成果的一部分。在图册编写过程中，课题组结合了河北锐驰交通工程咨询有限公司近十年为河北省高速公路养护专项工程咨询设计服务中积累的成果，融合了河北省高速公路管理局对所辖高速公路养护管理工作中的经验，得以成书。在本图册出版之际，特向为本图册作出过贡献的河北省高速公路管理局、河北省交通运输厅公路管理局、河北交通投资集团有限公司、河北省交通规划设计院的领导、专家以及杜群乐正高工、戴忠华正高工、张秀山正高工、王向会正高工、秦禄生正高工、朱建民正高工等专家、学者及"王子鹏公路养护技术创新工作室"的全体成员及业界朋友们致以衷心的感谢！